HARALD LINKE

Träume fliegen

Ausflüge mit Otto

Küste bei Perranporth (Cornwall, GB)

Copyright 2014 © Harald W. Linke

Jeder Nachdruck, auch auszugsweise, nur nach vorheriger Genehmigung

Herstellung und Verlag:
BoD - Books on Demand, Norderstedt
ISBN: 978-3-7357-5723-4

Inhalt

Inhalt	3
Inselflug	7
Masury oder Jaruzelskis Doppeldecker	18
Ein Virus hat dich gepackt	31
Fliegen lernen mit dem motoriziertem Segler führt nicht zum Ziel – das Fluggerät wird im Laufe der Flugschulung zur Cessna	31
Zurück zum motorisierten Segler	33
.....und dem Eintritt in eine Hamburger Luftsportgruppe... doch dann wieder Cessna	33
Die Provence lockt	39
Mit zwei Flugzeugen und einem PKW zu fünft unterwegs in der Grande Nation	39
Rückflug von Zell am See	46
Viersitzer und andere Motorflugzeuge	48
Zell am See	54
Die drei skandinavischen Hauptstädte	55
Deutschlandflug Nr. I	58
England die Erste	61
Im vereinten Deutschland unterwegs	65
Prag zum Ersten	70

Gewitter im Aufzug 73
Beim östlichen Nachbarn in Polen 74
Das erste eigene Flugzeug: Europa 80
Und wieder einmal England 100
Fliegen in Florida 105
Auf einem Militärplatz bei Kopenhagen 108
Katanas Deutschlandrunde 111
Arizona im November 113
Knud und Fournier 118
Erinnern an Europa 127
Frankreich die Zweite und Barcelona 129
Mainz lacht 136
England II 138
Wieso Diesel? 141
Sperbers Tage auf EKEL 146
Katanas Geburtsstätte: Wienerneustadt 154
Das kalte Weiß 159
„Würden Sie auch im Krankenhaus übernachten?" 161
Prag 163
In Frankreich parliert man „naturelement" französisch 165
Die Aaland Inseln gehören zu Finnland 172
Eierland 176
Courtesy Car auf der Windelsbleiche 180

Die Überraschung des Seenebels.................... 188

Gewidmet meinen Fliegerfreunden Dieter und Jens

Alljährlich, wenn der Frühling kommt und die Luft sich wieder bevölkert mit unzähligen frohen Geschöpfen, wenn die Störche zu ihren alten nordischen Wohnsitzen zurückgekehrt, ihren stattlichen Flugapparat, der sie schon viele tausende Meilen getragen, zusammenfalten, den Kopf auf den Rücken legen und durch ein Freudengeklapper ihre Ankunft anzeigen, wenn die Schwalben ihren Einzug hatten, dann ergreift auch den Menschen eine gewisse Sehnsucht, sich hinauf zu schwingen und frei wie ein Vogel über lachende Gefilde, schattige Wälder und spiegelnde Seen dahin zu gleiten und die Landschaft so voll und ganz zu genießen, wie es sonst nur der Vogel vermag [1]

---

[1] und folgende: Lilienthal, Otto: Der Vogelflug als Grundlage der Fliegekunst; Berlin 1889. R. Gaertners Verlagsbuchhandlung

Inselflug
Deine liebsten Wege in der Luft

Du siehst die Insel schon von Weitem. Das Flugzeug befindet sich im gestreckten Gleitflug. Ruhig, über dem Wasser der nordfriesischen Inseln und Halligen sind die Turbulenzen des sonnigen und warmen Frühlingstages verschwunden, fliegst du tiefer. Den Weg aus der Nähe der Großstadt bis zur Nordsee hast du unter den wenigen Kumuluswolken in leichter Thermik in einer Höhe von 1800 Fuß genießen können. Nun hast du Nordstrand schon hinter dir gelassen. Langeness, die Hallig, die von Dagebüll aus über einen Damm mit dem Festland verbunden ist, kommt näher. Du hörst im Funk, dass sich noch ein weiteres Kleinflugzeug im Anflug auf den kleinen Flugplatz von Wyk auf Föhr befindet. Du reduzierst das Gas. Unter dir zieht ein Krabbenfischer seine Bahn zwischen den Watten. Das andere Flugzeug, der Kennung D-KSON nach ein Motorsegler, landet zuerst. Die

Stimme des Flugleiters gibt nun auch dir den Anflug auf die „02"- die Ausrichtung des Kurses von 20 grad auf die Landewiese von Wyk bedeutet, dass du das Endteil über das Wasser Richtung Strand fliegen musst – frei. Du reduziert die Geschwindigkeit deines Flugzeuges und setzt die Klappen, die den Auftrieb im Langsamflug verbessern, auf 60 Knoten. Konzentriert, die rechte Hand am Gashebel, achtest du auf den Wind aus Nordost, passt die Geschwindigkeit im kurzen Endteil nochmals an und schwebst über der Grasbahn aus. „Willkommen auf der Sonneninsel Föhr" ertönt die freundliche Stimme des Flugleiters. „Rollen Sie zum Vorfeld und parken neben der Cessna 172 D-EAON". Du rollst durch das frisch gemähte Gras des Rollweges zum Vorfeld vor der Aussichtsterasse, parkst neben der Cessna und stellst den Motor der Katana ab. Eine andere Welt empfängt dich hier. Wie schon so viele Male gehst du zunächst zum Turm der Flugleitung, begrüßt den Flugleiter und bezahlst die Gebühren für das Landen und Abstellen des Flugzeuges. „Fahrräder gibt's unten bei den Rundfliegern", meint Fritzmen, der Flugleiter noch. Du gehst nach unten, fragst nach einem Drahtesel und bist nun für eine Tour am Boden gerüstet. Wie häufig nimmst du den Weg zum Zentrum von Wyk, radelst einen Teil der Strecke den Strandweg entlang. Zunächst führt dich der Weg in den Hafen; erst nachdem du die ankommende Fähre von Amrum siehst, kehrst du um und fährst zu einer der Tee-und Kaffeestuben an der Promenade.

„Die Beobachtung der fliegenden Tiere lehrt, dass es möglich ist, mit Hilfe von Flügeln, welche eigentümlich geformt sind und in geeigneter Weise durch die Luft bewegt werden, schwere Körper in der Luft schwebend zu halten, und nach beliebigen Richtungen mit großer Geschwindigkeit zu bewegen".

Otto Lilienthal

Gestartet bist du am Vormittag auf einem großen Grasflugplatz zwischen der Elbe und der Stadt Pinneberg gelegen. Der Flugplatz Uetersen wird, seitdem die Bundeswehr die Flugschulung für zukünftige Piloten aufgegeben hat, von Segel- und Motorfliegern gleichermaßen genutzt. Der große rechtwinklige Grasplatz bietet den Segelfliegern und den Motorfliegern in großem

Abstand zueinander über 1000 Meter Start- und Landebahn in Ost-West Ausrichtung. Mehrere Segelflug-und Motorflugvereine und auch kommerzielle Flugschulen sind dort beheimatet. Viele Hamburger Freizeit-Piloten finden in Uetersen ihre fliegerische Heimat. So auch du. Obwohl dich der Weg aus deinem Heimatort über eine Stunde an Fahrzeit kostet, ist Uetersen als Basis für deine Flüge gut geeignet. An diesem Vormittag kamst du in guter Stimmung am Hangar des Flugplatzes an. Die Tore des Hangars waren schon geöffnet. Ein anderer Pilot war gerade dabei, seinen Flugapparat aus der Halle zu ziehen. Dies erleichterte es dir, die Diamond Katana, die du dir mit deinem Freund Jens teilst, für den Flug vorzubereiten. Im Unterschied zu einer geplanten Fahrt mit einem Kraftfahrzeug checken Piloten vor dem ersten Flug des Tages die Kraftstoffmenge im Tank, nehmen eine Benzinprobe und schauen sich an, ob sich durch mögliche Kondenzbildung Wasser im Benzin angesammelt hat. Ebenso wird der Ölstand des Motors kontrolliert. Den Abschluß dieser Überprüfung vor dem Flug bildet der Rundgang um das Flugzeug mit der Kontrolle der Ruder. Als eines der wenigen im Hangar ist die Katana ein modernes Kunststoffflugzeug. Zweisitzig wiegt es beladen kaum mehr als 700 kg. Ein neuartiger Flugmotor mit 100 PS Leistung zieht das Gerät in die Luft. Entwickelt wurde die Katana aus dem Motorsegler Super Dimona. Um es ein Motorflugzeug werden zu lassen, verkürzte der Konstrukteur die Spannweite auf etwas weniger als 11 Meter. Statt der Luftbremsen des Motorseglers erhielt die DV 20 – so ihr Kürzel – Klappen zur Unterstützung des Fluges bei Start und Landung. Der Motor ist ein Leichtgewicht, der aus circa 70 kg Gewicht und 1300 ccm Hubraum 100 Pferdestärken generiert. Du holst die DV 20 aus dem Hangar, nachdem du noch ein weiteres Flugzeug verschoben hast, nimmst deine Flugunterlagen aus dem Auto und steigst in das Flugzeug. Seit fast 20 Jahren hilft dir bei der Navigation ein Satelliten-gestütztes-GPS. Du montierst dein persönliches GPS (dein Freund Jens hat ein eigenes) und beginnst mit dem Lesen der Checkliste vor dem Anlassen des Motors. Nach wenigen Umdrehungen springt der Motor an. Alle Anzeigen für den weiteren Betrieb sind o.k. Du stellst Funk und Transponder an und rollst Richtung Startbahn. Schon bei der Ankunft wusstest du aufgrund der Wetterinformation, die du vor jedem Flug über das Internet einholst, dass der Wind aus nordöstlichen Richtungen kommt. Ein Hochdruckgebiet über dem Baltikum beschert dir an diesem Tag trockene Luft und damit gute Sichten. Die Startbahn „09", die für den Wind aus östlichen Richtungen infrage kommt, liegt den Hangars am Nächsten. Du stoppst und wartest bis der Motor seine Betriebstemperatur erreicht. Das dauert bis zu sechs Minuten. Kurz danach erhöhst du die Drehzahl des Motors auf 1700 Umdrehungen. Du verstellst den Propellerwinkel, checkst die Vergaservorwärmung, setzt die Flügelklappen auf Start, sagst über Funk was du vorhast (nämlich auf der „09" nach Wyk auf Föhr zu starten), rollst nach einem landenden Flugzeug in die Startbahn, nimmst deine Stoppuhr zur

Zeitnahme, gibst Vollgas und beschleunigst die Katana. Der Wind aus nordöstlicher Richtung mit 15 Knoten ist recht kräftig und hilft dir schnell zur Geschwindigkeit des Abhebens mit 50 Knoten zu kommen. Du ziehst kurz am Steuerknüppel und fliegst. Das Flugzeug beschleunigt weiter auf 65 Knoten und steigt schnell. Du reduzierst die Drehzahl des Motors durch leichtes Verstellen des Propellers. In 400 Fuß Höhe fährst du die Klappen ein, verlässt die Platzrunde in der Nähe des Sendemastes und steigt weiter auf 1800 Fuß. Du reduzierst die Motordrehzahl für den Reiseflug, meldest dich von der Funk Frequenz von Uetersen ab und schaltest auf die Frequenz von Bremen Information. Schon befindest du dich an der Elbe, nimmst mit dem GPS erneut Kurs auf Föhr und fühlst dich als Spaziergänger in der dritten Dimension. Bei 102 Knoten Geschwindigkeit über Grund, bedingt durch den nordöstlichen Wind, der etwas Gegenwind auf dem Kurs bedeutet, erwartest du etwa 45 Minuten Flugzeit bis zur Insel.

Das Fliegen selbst ist aber ein dauernder Kampf mit der Anziehungskraft der Erde und zur Überwindung dieses Gegners ist es wichtig, ihn zunächst näher zu betrachten. Die Anziehungskraft der Erde oder die Schwerkraft ist das Ergebnis eines Naturgesetzes, welches das ganze Weltall durchdringt und nach welchem alle Körper der Welt sich gegenseitig anziehen. Diese Anziehungskraft nimmt zu mit der Masse der Körper und nimmt ab mit dem Quadrat ihrer Entfernung. Als Entfernung der sich anziehenden Körper ist die Entfernung ihrer Schwerpunkte anzusehen. Das Gewicht eines Körpers ist gleich der Kraft, mit der die Erde diesen Körper an sich zieht.

Otto Lilienthal

Die Elbe zieht an dir vorbei. Nachdem mehrere Krähen unter dir dahinzogen, siehst du auf Glückstadt- dänisch Lykstad und 1617 vom dänischen König Christian IV gegründet- die Stadt an der Elbe, die im Juni jeden Jahres Matjestage feiert. In respektvollem Abstand passierst du das Kernkraftwerk Brokdorf, das seit dem Angriff auf die Twin Towers in New York nicht überflogen werden darf. Die Sicht reicht über den Nordostseekanal hinaus bis zur Raffinerie Hemmingstedt bei Heide. Du fliegst über das Städtchen Burg in Dithmarschen und siehst auf den Flugplatz St. Michaelisdonn, St.

Michel genannt. Hier hast du den großen Teil deiner fliegerischen Ausbildung gemacht – einmal im kalten und feuchten März, das Jahr darauf im eher herbstlichen Oktober. Die Wetterbedingungen waren alles andere als das berühmte Kaiserwetter. Du passierst Wesselburen, welcher Dichter wirkte dort noch? Ach ja, Friedrich Hebbel. Die Eider hat an der Mündung ihr Wasser abgegeben und liegt trocken im Watt. Rechts vom Kurs erscheint die „graue Stadt am Meer", wie Theodor Storm der berühmte Dichter des Schimmelreiters, sie nannte. Storm war eigentlich Rechtsanwalt, später Landvogt und Amtsrichter in Husum. Geschrieben hatte er aber schon als Gerichtsassessor in Potsdam. Im Ruhestand zog er sich von Husum nach Hademarschen zurück, wo noch einige Novellen entstanden. Über Nordstrand kommt dir ein anderes Kleinflugzeug. einige hundert Fuß höher, entgegen. Nun erkennst du am Horizont auch schon Langeness und Föhr.

Die Möwe Jonathan entdeckte, dass nur Langeweile, Angst und Zorn das Leben der Möwe verkürzen.

Richard Bach

Schon Leonardo da Vinci träumte vom Fliegen. Er zeichnete Modelle von diversen Fluggeräten und baute unter anderem ein Gestell, mit dem ein Mensch große Flügel von Vogelgefieder bewegen konnte. Leonardo jedoch konnte nicht ahnen, dass die geringe Leistung eines Menschen nicht ausreicht, ihn mit seinem relativ schweren Körper in die Luft zu heben. Otto von Lilienthals Forschungen legten den Grundstein, Flügel zum Gleiten zu bringen. Der Deutsche Karl Jatho, der Deutsch-Amerikaner Gustav Weißkopf und die amerikanischen Brüder Wright demonstrierten den motorisierten Flug. Dem Fliegen ist es zu verdanken, dass die Welt verbunden ist. In kleinen Flugzeugen fliegen zu können ist ein Privileg, das nur relativ wenige Menschen besitzen. Nicht nur die Fähigkeit, nach Ausbildung und vielseitiger Erfahrung ein Fluggerät sicher in die Luft zu bringen und wieder sicher zu landen – nein, auch Freude zu haben in der dritten Dimension - quasi zu wandern – luftwandern. Vergessen darf man auch nicht die Kosten dieser Leidenschaft. Obwohl es sich in

Grenzen hält, schon dadurch dass die Fliegerei in Vereinen ähnlich wenig kostet wie andere Sportarten und Hobbies.

Masury oder Jaruzelskis Doppeldecker

Lotnisko Wilamowo bei Ketrzyn tief im Masurischen gelegen, war im Dritten Reich der Flugplatz Rastenburg, von dem aus Graf Stauffenberg zurück nach Berlin flog, nachdem er das Attentat auf Hitler versucht hatte. In den Fliegermagazinen wird Ketrzyn Wilamowo als Flugplatz für Ausflüge zu anderen masurischen Plätzen empfohlen, unter anderem deshalb, weil Wilamowo über eine Tankstelle und Hangarplatz verfügt. Der Flugplatz gehört mittlerweile einem Privatmann, der an der Fliegerei hängt und die nötigen Mittel hat, den Flugplatz zu unterhalten. Um es vorweg zu sagen: Stanislaw hat auch einen Antonow Doppeldecker im Hangar stehen, der vorher dem General Jaruzelski gehörte. Innen gibt es Ledersitze vom Feinsten und rückwärtig eine

Bar. Das Flugzeug ist instrumentenmässig auf dem neuesten Stand. Aber das ist es nicht allein. Die Mitarbeiter dort sind freundlich zu den ankommenden Piloten aus Deutschland. Auch wenn die meisten nur wenige Worte Englisch und Deutsch sprechen, so gibt es doch Magda oder den jungen Ex-Soldaten, der in Afghanistan für die Nato kämpfte, die perfekt im Englischen sind.

Masuren liegt nur soweit im Osten, wie München südlich von Hamburg entfernt ist. Gleichwohl ist die russische Grenze zur Exklave von Kaliningrad wirklich nicht weit, der Weg zu Litauen und Belarus natürlich auch nicht. Die Katana ist jedoch für einen Direktflug Uetersen-Ketrzyn eher ungeeignet. Jens und du wählt den Weg ins bekannte Anklam. Diesmal – weil Pfingsten unmittelbar vor der Tür steht – ist die Übernachtungsmöglichkeit in der Fliegerklause am Flugplatz ausgebucht, aber das nahe Hotel Pommernland bietet genug Doppelzimmer, sogar mit getrennten Betten. Fahrräder gibt's auch. Ein Hoch hat sich über Ostpolen stationär aufgebaut, während es zuhause über Pfingsten starke Gewitter geben soll. Der Flug führt euch nach Danzig – die Strecke bis Kolberg an der Ostsee entlang ist gut bekannt, der Rest der dreiviertel Stunde über Wiesen und Waldgebiete des früheren Pommern eigentlich auch. Über Kaschubien wird es dichter besiedelt – Danzig naht. Nach der Landung die Überraschung: Ein Wagen der Flugplatzsicherheit hält neben der geparkten Katana – die beiden Sicherheitsmitarbeiter bedeuten den Piloten ohne ein Wort Englisch oder Deutsch zu sprechen, in ihren Wagen zu steigen. Du fühlst dich wie ein Verbrecher behandelt. Der Wagen hält an einem Gebäude, ihr werdet mit Zeichensprache aufgefordert, eine Sicherheitskontrolle wie beim Einchecken zu einem Flug über euch ergehen zu lassen: also alles an Metallhaltigem auf das Band zur Röntgenkontrolle, Jens und du durch das Gate. Was macht das für einen Sinn? Zumal das Gepäck im Flugzeug verbleibt. Die Kantine der Flughafenmitarbeiter steht noch an der gleichen Stelle wie vor zwei Jahren. Entspannung ist angesagt – es gibt etwas zu essen und zu trinken, auch ohne Zloty. Selbst hier kann mit Kreditkarte bezahlt werden.

Nach der Pause muss der Flugplan für EPKE (Ketrzyn) erstellt werden. Mithilfe der Dame bei AIS[2] gelingt das mit Routenangabe direkt nach Ketrzyn, ohne VORs [3] oder Umfliegen von Lufträumen. Trotzdem: Das Zahlen der Landegebühr muss im Terminal 1 erfolgen, was mit einem längeren Fußweg zu erledigen ist. Der Abflug von Gdansk Airport enthält eine Überraschung. Der Towercontroller weist euch an, entlang der Autobahn Richtung Zoppot und dann entlang der Ostseeküste zu fliegen. Traumhaft bei diesem Wetter. Eine Viertelstunde später ändert sich der Kurs Richtung Elblag, von hier an seht ihr die Kuhrische Nehrung mit dem Haff. Die Nehrung wird auf der Karte etwa in der

---

[2] Aeronautical Information Service (Fluginformationsdienst)

[3] VHF Omnidirectional Radio Range (Funkfeuer)

Mitte abgeschnitten durch die Grenze zu Russland oder besser gesagt durch die Grenze zur Exklave Kaliningrad. Sehen könnt ihr die Grenze nicht. Die Weichsel zieht unter euch durch. Nicht weit entfernt Flussaufwärts wuchs deine Mutter in der Nähe von Grudziądz (Graudenz) auf. Ihr seht den Flugplatz neben dem Ort Eblag – auch hier könnte man landen. Nun beginnt zwar das alte Ostpreussen, aber die Landschaft Masurens mit ihren Seen und Wäldern liegt weiter östlich. Als die Seen und Wälder dann häufiger werden, entdeckt ihr Ketrzyn. Der Funk ist besetzt. Offensichtlich hat der Anruf der netten Dame vom AIS in Danzig Wirkung gehabt: Man wartet auf euch, obwohl ihr etwas später als die offizielle Öffnungszeit des Flugplatzes ankommt.

Ihr wurdet also erwartet und nett begrüßt. Ältere Herren, die das eine oder andere Wort Deutsch einstreuen, öffnen euch den Hangar zum Abstellen eures Fliegers. Für heute ist Schluss mit Fliegen. Einer der Herren nimmt euch mit zum Hotel Koch in die Stadt. Für die etwa 7 km vom Flugplatz will er von euch 20 €. Ihr zahlt ihm das – findet die Forderung trotzdem reichlich happig, weil ihr aus den Fliegerreisebeschreibungen wisst, dass ein Taxi für die gleiche Strecke etwa 10 € gekostet hätte, was sich im Übrigen bei der Rückfahrt nach vier Tagen bestätigt.

Das Hotel scheint in Ordnung, es gibt ein Doppelzimmer mit getrennten Betten im guten Standard. Die Wolfsschanze ist nicht weit. Andere deutsche Gäste älteren Baujahrs scheinen zu den Erinnerungstouristen zu gehören. Doch das ist nur eine Vermutung.

Der nächste Tag gehört dem Fahrrad. Das Hotel stellt Fahrräder bereit – leider sind diese technisch nicht gut gewartet. Nun, ihr seid in der Lage Hand anzulegen und die Räder in Betrieb zu nehmen. Nach dem Aufpumpen an einer Orlen - Tankstelle – für die Ventile passt keine Luftpumpe wegen der Autoventile – fahrt ihr durch die Allee, die ihr gestern mit dem Auto gekommen seid, zum Flugplatz. Die Allee ist traumhaft, aber so schmal wie die Straße zwischen den Bäumen verläuft, ist sie zum sicheren Radfahren kaum geeignet. Um es vorweg zu sagen: nach dem Besuch auf dem Platz Wilamowo findet ihr einen ruhigeren Weg zurück in die Stadt.

Heute besteht die Flugplatzmannschaft aus Frauen. Chefin Anja sitzt hinter ihrem Schreibtisch und parliert laut. Zwei junge Damen helfen euch zum Hangar. Nachdem ihr euch überzeugt habt, dass die Katana gut und sicher aufgehoben ist, gibt es Palatschinken und Kaffee im Bistro des Platzes.

Das Wetter bleibt euch treu. Der nächste Tag wird ein Flugtag über das Seengebiet zu einem Flugplatz sein, der auf der Karte nicht verzeichnet ist, aber dem Freund eines Flugplatzmitarbeiters gehört. Doch vorher müsst ihr einmal in den Doppeldecker steigen, der einstmals von General Jaruzelski genutzt wurde. Der frische Ledergeruch der dicken Ledersitze stammt wohl doch nicht aus der Zeit des Generals. Ihr vermutet, dass der heutige Eigner die Antonow hat von Grund auf renovieren lassen. Vielleicht hatte Jaruzelski es gar nicht mit dickem Leder, sondern begnügte sich mit Sitzen aus Leinen?

Ihr startet auf der langen Bahn „33", die zwar etwas ansteigt, aber beruhigende 1100 Meter Grasbahn hat. Du fliegst heute. Die Bitte der Kindergärtnerinnen, die mit ihren Kindern den Flugplatz besuchen und den Wunsch haben, dass ihr nach dem Start nochmals den Flugplatz überfliegt und mit den Flächen wackelt, erfüllst du. Der Kurs führt nach Osten, schon nach fünf Minuten kommt der Ort Giżycko, früher Lötzen, in Sicht.

„Giżycko ist die größte Stadt auf der Wasserroute der Großen Masurischen Seen und liegt an der schmalen Landenge zwischen dem Niegocin- und Kisajno-See. Um sie herum erstreckt sich eine der schönsten Landschaften Polens und vielleicht auch Europa. Giżycko ist eines der größten polnischen Zentren von Tourismus und Erholung. Durch seine Popularität und zahlreich kommenden Besuchern genießt es den Ruf der **Sommerhauptstadt Polens"**,

so steht es auf der offiziellen Webseite der Stadt. Jedenfalls ist die Lage der Stadt zu den Seen traumhaft. Ihr wollt den Flugplatz des Freundes des Mannes von Wilamowo weiter im Osten suchen. Hier müsst ihr schon an die Grenze zu Litauen denken, die nun wirklich nicht mehr weit entfernt ist. Der Flugplatz ist schnell gefunden, landen werdet ihr nicht. Auf dem Rückweg sucht ihr bei Giżycko den Flugplatz „ Masury Airpark" – finden werdet ihr den nicht.

Nun wäre es an der Zeit, den Rückflug zu planen. Die Wetteraussichten für den Weg über Danzig und Swinemünde lassen wegen der starken Gewittertätigkeit keine Chance. Aber ihr habt ja Zeit mitgebracht – schließlich seid ihr im Ruhestand. Giżycko kann man auch mit Bahn und Bus erreichen, also fahrt ihr am Morgen mit einem Triebwagen in diesen Ferienort und hält Ausschau nach Kanu- oder Kajakvermietungen. Nun, überall sind Segelyachten zu sehen, eine

Kanuvermietung gibt's wohl andernorts. Macht nichts. Vielleicht ergibt sich eine Fahrt mit einem Motorschiff über die Seen. Ja, die gibt es, allerdings sollte man mehr Zeit als die zwei Stunden mitbringen, die ihr euch dafür nehmen wollt. Die Pause nach einem Spaziergang in einem Cafe am Kanal, der die Seen verbindet, tut es auch: Hier motoren die Yachten mit umgelegten Masten vorbei, um gleich darauf im See den Mast aufzurichten und davon zu segeln. Schön. Unzählige dieser Schiffe passieren euren Beobachtungspunkt. Alle Yachten sind Charterschiffe, die meist von Männercrews gefahren werden. Natürlich, die Zeit um Himmelfahrt und Pfingsten herum ist die Zeit der Männertouren, egal ob auf dem Wasser, den Straßen oder in der Luft.

Ihr verlasst den schönen Ort nunmehr per Bus. Über schmale Alleen an kleinen Seen und größeren Waldgebieten vorbei geht es zurück nach Ketrzyn. Anderntags ist Aufbruch angesagt. Der Flugwetterbericht sagt, dass der Weg nach

Westen frei sein wird; das Hoch sich an der südwestlichen Ostsee wieder aufbaut. Ihr tankt wegen des zu erwartenden Gegenwinds aus West nochmals auf und startet über die Bahn „33" Richtung Danzig. Im Flugplan hattet ihr angegeben über Elblag zur östlichen VOR vor Danzig zu fliegen, doch kaum 10 Minuten in der Luft, weist der Controller auf Olstyn Infoformation euch an, den Kurs mehr südlich zu korrigieren. Warum? Wegen starker militärischer Aktivitäten mit Strahlflugzeugen im Gebiet Richtung Elblag. Mitunter ist die Funkverbindung unterbrochen – der vom Controller genannte anzufliegende Ort nicht auf der Karte zu sehen. Aber ihr seid aus dem Gefahrengebiet heraus. Nach Umschalten auf Gdansk Information bessert sich die Funkverbindung deutlich. In Höhe der Weichsel heißt es von Gdansk Info, dass ihr nicht direkt auf Danzig zufliegen könnt, sondern den stark beflogenen militärischen Flugplatz von Malborg (Marienburg) um fliegen sollt. Nervosität macht sich breit im Cockpit. Das Umfliegen westlich um diese Zone herum ist mit dem Tankinhalt nicht zu schaffen. Nun hilft der Controller mit den Worten: Schalten sie auf Malborg Tower um und erbitten eine Durchfluggenehmigung. Aufatmen: Der dortige Controller gibt den Durchflug durch seine Zone frei. Ihr vermutet, dass bei den Militärs nun Natopause ist.

Alles andere ist Routine. Jens setzt den Flieger bei starkem Gegenwind nach einer Stunde und zwanzig Minuten auf der Bahn 29 in EPGD auf.

Auch heute wieder das Spiel mit der Sicherheitsüberprüfung nach Abstellen des Motors. Wieder werdet ihr vom selben Sicherheitsmitarbeiter gebeten – diesmal freundlicher, weil ihr nun offensichtlich bekannt seid – zum Sicherheitscheck mit zu kommen. Dort arbeitet nun eine Kollegin, die Englisch spricht und euch erklärt, dass die Maßnahme wegen möglichen Terroranschläge vom „Inneren" des Airport nötig sind.

Egal, der Imbiss im Bistro der Flugplatzmitarbeiter entschädigt euch und lässt euch ein wenig entspannen.

Bei AIS weißt man euch auf die Militärübungen auf dem Stück von Danzig zur westlichen Grenze bei Swinemünde hin. Ein Telefonat der freundlichen AIS Mitarbeiterin mit dem „Luftraummanagement" bringt eher Konfuses zu Tage. Es wird von einem anzufliegenden Punkt gesprochen, der nicht auf den Sichtflugkarten zu finden ist. Ihr vermutet wohl richtig, dass es dabei um Instrumentenflugcharts geht, die solche Punkte aufführen.

Bei besten Sichten, doch starkem Wind auf der Nase verlasst ihr die Stadt am Mare Balticum um in einem annähernd zweistündigen Flug Anklam vor Schließung des Platzes zu erreichen.

Morgen soll das Wetter umschlagen: Ein Tief gelangt von Skandinavien nach Deutschland, um euch für den Rückweg nach Uetersen zu verbauen. Also: Auftanken und weiter.

Ein Abendflug nach Hause. Der Gegenwind hat sich reduziert, die Turbulenzen sind verschwunden, die Sichten gleichen der virtuellen Sicht wie auf Googlemaps. Güstrow, Wismar, Lübeck VOR, Kaltenkirchen, Barmstedt sind die Wegepunkte. EDHE hat euch wieder.

Ein Virus hat dich gepackt

Fliegen lernen mit dem motorisiertem Segler führt nicht zum Ziel – das Fluggerät wird im Laufe der Flugschulung zur Cessna

Nach den ersten beiden Jahren Segelflugschulung in Lübeck und mittlerweile in einer Traineeausbildung bei einem Medizintechnikkonzern in Hamburg, hast du dich zu einer Flugausbildung zum Motorseglerpiloten in St. Michaelisdonn, gelegen zwischen Nordostseekanal und der Meldorfer Bucht, entschieden. 1977 hatte die Flugschule des Küstenfluges einen guten Ruf in Norddeutschland. Hier hast du dir versprochen, in einer relativ kurzen Zeit zum Pilotenschein zu kommen und später vom PPL B auf den

Segelflugschein PPL C zu schulen. In der letzten Märzwoche auf dem Flugplatz hoch oben auf dem Donn, der Geestrücken grenzt sich hier deutlich von der Marsch ab – begann deine Flugschulung auf dem Motorsegler RF5. Gerd Hellinger, der Besitzer des Küstenfluges und Leiter der Flugschule – flog mit dir viele Platzrunden rund um den Flugplatz. Bei herrschenden Westwindlagen ging jeder Platzrundenflug von der „28" über den Geestrand, hier vor Ort Kleve genannt, Richtung Kudensee, dann wieder im rechten Winkel zum Forst vor dem Beginn des Endteils zur „28". Das Wetter war Ende März brauchbar, aber nicht immer fliegbar. Das Beherrschen der Seitenwinde bei Starts und Landungen hast du aber dort an der Nordsee schnell gelernt.

Zurück zum motorisierten Segler
.....und dem Eintritt in eine Hamburger Luftsportgruppe... doch dann wieder Cessna

Rene Fournier, ein französischer Leichtflugzeugkonstrukteur (eigentlich verdiente Rene Fournier sein Geld als Keramiker und Musiker), hatte aus den einsitzigen Motorseglern RF1, RF2, RF3 und RF4 den Doppelsitzer RF5 entwickelt. Ein Motorsegler der (gegenüber den deutschen, etwas schwerfälligen Konstruktionen wie dem Falken), eher als schlankes und schnelles Flugzeug, basierend auf Holzrumpf mit Bespannung der Flächen entstand. Motorisiert mit dem diversifizierten VW Boxer Motor von Limbach aus Königswinter in zunächst 68 PS-, später in 80 PS- Ausführung. Die Höchstgeschwindigkeit von bis zu 190 km/h wurde auch erreicht durch das Einziehfahrwerk des Zentralrades und durch den Verstellpropeller. Allerdings war die Leistung im reinen Segelflug eher beschränkt. Die nur 13 Meter Spannweite bei diesem Muster ließen den

Auftrieb im motorlosen Flug recht dürftig werden. Der aus der RF5 modifizierte Entwurf mit 17 Metern Spannweite, dem Sperber, den du kurze Zeit später bei der Fluggruppe Eppendorf Hamburg fliegen konntest, hatte mit einer Gleitzahl von 1:26 schon deutlich bessere Segelflugeigenschaften. Rene Fournier entwickelte nach der RF5 auch ein viersitziges Motorflugzeug in Holzbauweise über Gitterrohrkonstruktion. Großer Erfolg war diesem Flugzeug im Wettbewerb mit Cessna oder Piper, aber auch den anderen französischen Konstruktionen wie Jodel, Remorqueur und Robin nicht beschienen.

Im Mai 1977 wurdest du Mitglied der Fluggruppe Eppendorf in Hamburg. Deine Absicht war, dort die Flugausbildung auf einem Motorsegler - der RF5b D-KJQA, einer Modifikation der RF5 mit 17 Metern Spannweite – fortzusetzen. Was du nicht wusstest: Die Schulung in einem Verein gestaltet sich äußerst langwierig und ist auch mit Frustration verbunden.

Nun für deine Firma in Hannover tätig, aber wegen der Tätigkeit deiner Frau als Lehrerin in Hamburg wohnend, wurde für dich die Fortsetzung der Schulung bei der Fluggruppe fast unmöglich. Trotzdem versuchtest du, Flugstunden in freier Zeit zu fliegen. In der Zeit vor der Geburt deines Sohnes und nachdem Jan auf die Welt gekommen war, gelang es dir, mit den Fluglehrern Knud und Ernst, einige Flüge von Hamburg nach Uetersen – mit Platzrunden dort – zu fliegen.

Schulung im Verein brachte dich nicht wie gewünscht zur Lizenz. Arbeiten in Hannover, die Familie in Hamburg, ließ sich nicht zur Deckung bringen mit der Flugschulung im Verein. Du hast dich dann entschieden, nochmals nach St. Michel zur Fortführung der Flugschulung zu gehen. Doch nun gab es dort keinen Motorsegler mehr. Was solltest du tun? Die Antwort lautete: auf die höherwertige Lizenz zum Motorflug weiterschulen.

Was für ein Unterschied: Im Vergleich zur schlanken und eher sportlichen Konstruktion eines Motorseglers wie der RF5 und RF5b, mit Einziehfahrwerk und Verstellpropeller – war das Fliegen einer Cessna 150 völlig anders. Das Motorflugzeug – eine schon damals betagte Metallkonstruktion mit 100 PS Motor – hing aerodynamisch eher am Motor. Gleiten war nach Leerlaufeinstellung des Motors deutlich schlechter als bei den Motorseglern. Spaß machte es trotzdem. Diesmal wohntest du nicht im Hotel Gardens in St. Michaelisdonn. Mit einem älteren Flugschüler aus der Nähe von Wilhelmshaven warst du privat in der Nähe des Flugplatzes „auf Zimmer" untergebracht. Zugig war es Ende Oktober in den Räumen auf dem Dachboden, die man heute nicht mehr Zimmer nennen würde. Vielleicht ist „Verschlag" der richtige Ausdruck. Heide, die dich mit Baby Jan an einem Wochenende dort besuchte, musste wieder abreisen, weil die Bedingungen für sie und das Baby nicht akzeptabel waren.

Anfang November hast du in St. Michel die theoretische Prüfung zum PPL A bestanden. Die praktische Prüfung, die an diesem Tag folgen sollte, musste wegen des herbstlichen Wetters mit tiefem Stratus abgesagt werden. Du warst noch in Hannover tätig, als sich Ende März des Folgejahres die Möglichkeit ergab, den Prüfungsflug in Hartenholm zu fliegen. Die Schneewände türmten sich an der Autobahn in Richtung Nordseeküste. In St. Michel bekamst du einen Flugauftrag, der dir den Flug nach Hartenholm möglich machte. In Hartenholm angekommen, stieg der Prüfer Nebendonk ein und gab dir fliegerische Aufgaben. Unter anderem fragte er dich bei Bordesholm, wie der See dort unter ihnen heißen würde. Einen See sahst du nicht: es war noch alles weiß vom Schnee. Gelangt hat es trotzdem zum Gelingen der Prüfung. Du bist zurück nach St.Michel geflogen und warst nun allein verantwortlicher Pilot.

„Auch die Zeit kann einmal kommen, wo die Flugtechnik einen wichtigen Teil der Beschäftigung des Menschen ausmacht, wenn für die Fliegekunst jene große Überbrückung aus dem Reiche der Ideen in die Wirklichkeit stattfinden sollte, wenn der erste Mensch in klarer Erkenntnis derjenigen Mittel, welche eine übergroße Kraftäußerung beim wirklichen Fliegen entbehrlich machen, einen freien Flug durch die Luft unternimmt".

Otto Lilienthal

Die Provence lockt
Mit zwei Flugzeugen und einem PKW zu fünft unterwegs in der Grande Nation

Frankreich im Mai. Duft der Lavendelfelder. Gutes Essen und Wein, Sonne des Südens, wenn im Norden Europas die Natur erst langsam erwacht. Die Piloten der Fluggruppe Dieter, Manfred, Hartmut und Harald P. planten schon im vorangegangenem Winter mit dir, der du mit Anfang 30 der jüngste warst, einen Fliegerurlaub in Frankreich zu machen. Der Flug sollte bis in die Provence an die Mittelmeerküste führen. Flugkarten waren rechtzeitig bestellt worden. Den Sperber und die Cessna 150 von Harald setzten sie als Fluggerät ein.

Harald, mit Abstand der älteste unter euch, hatte sich nach dem Ausscheiden als Partner in einem Architekturbüro 1977 in die Fliegerei begeben. Weil das Schulen auf dem Sperber zu langwierig war, entschied er sich für die Schulung auf Motorflugzeugen und kaufte sich nach dem

Erwerb des PPL eine gebrauchte Cessna 150. Dieser Flieger sollte nun für die Frankreich Tour als zweites Flugzeug eingesetzt werden.

Dein Firmenwagen Audi 80 diente als Gepäcktransporter und Fahrzeug für den fünften in der Gruppe, der wechselseitig eine Strecke fuhr. Vor Ort in der Provence in Carpentrace konntet ihr zu viert oder fünft Ausflüge unternehmen. Am 13. Mai, morgens mit einstelliger Temperatur noch eher frisch beim Abflug, startete Dieter mit dir im Sperber von Hamburg nach Meschede, Manfred flog mit Harald in der Cessna150, während Hartmut mit deinem Firmenwagen bis nach Dole im Burgund fuhr. Ein Hochdruckgebiet über Deutschland und Frankreich versprach euch Fliegern ohne wetterbedingte Unterbrechungen ans Mittelmeer zu kommen. Ein ereignisloser Flug führte die beiden Flugzeuge, die sich in der Reisegeschwindigkeit ähnlich sind, über die norddeutsche Tiefebene entlang der Weser durch die Porta Westfalica in das Mittelgebirge von Wesergebirge und Sauerland. Nach Auftanken und kurzer Pause wart ihr wieder in der Luft, kamt bei Koblenz an den Rhein und folgtet der Mosel bis ins Saarland zu einer weiteren Zwischenlandung in Saarlouis. Ein Flugplan musste erstellt werden für den Einflug nach Frankreich, danach flogt ihr über das dünn besiedelte Elsass-Lothringen nach Dijon. Warum nicht gleich nach Dole, dem vereinbarten Ziel zum Abholen durch Hartmut? Der Motorsegler geriet auf dem Flug vom Saarland in das Burgund an den Rand seines Benzinvorrats. Der seinerzeit vorhandene Tank zwischen Rumpf und Cockpit fasste nur 37 Liter. Selbst mit dem schwachen 68 PS Motor sollten Flüge über 3 Stunden nicht voraus geplant werden. Nach dem Auftanken in Dijon war es dann nur noch ein kurzer Sprung zum kleineren Flugplatz Dole.

Wie versprochen, holte Hartmut die Piloten am Flugplatz ab und fuhr mit euch in die Herberge „Mon Plaisier". Erschöpft, aber doch erfüllt von den Eindrücken des Tages, habt ihr euch zum

Abendessen begeben, das zu deiner Überraschung sehr französisch ausfiel.

Wenn ein Körper sich durch die Luft bewegt, so werden die Luftteile vor dem Körper gezwungen, auszuweichen und selbst gewisse Wege einzuschlagen. Auch hinter dem Körper wird die Luft in Bewegung geraten. Hat der Körper eine gleichmäßige Geschwindigkeit in ruhender Luft, so wird auch in der den Körper umgebenden Luft eine gleichmäßige Bewegung eintreten, die im Wesentlichen darin besteht, dass die Luft sich auseinander tut und hinter dem Körper wieder zusammengeht.

Otto Lilienthal

Am nächsten Morgen führte der Flugweg an Lyon vorbei zur Zwischenlandung nach Valence an der Rhone. Nach dem Öffnen der Haube machte sich die schon sehr warme Sonne des Südens auf der Haut bemerkbar. Vor dem Kernforschungsgebiet rund um Orange musstet ihr ausweichen und flogt näher an die Seealpen heran. Lavendelfelder zeigten euch, dass ihr in der Provence wart.

Am 4. Geburtstag deines Sohnes unternahm Manfred mit dir einen segelfliegerischen Ausflug in Richtung Mont Ventoux. Das erste Mal, dass du mit einem erfahrenen Piloten mehr als 40 Minuten das Segelfliegen mit dem Sperber erlebtest. Anschließend flog Manfred und du mit dem Sperber nach Montpellier – nicht zum Airport, sondern zu einem kleinen Flugfeld in der Nähe. Die anderen hatten mit dem Audi einen Ausflug nach Avignon zum Papstpalast unternommen. Leider wurde der Audi auf dem dortigen Parkplatz aufgebrochen. Harald kamen dabei die Unterlagen, die auf dem Rücksitz des Audis lagen zum Glück nicht abhanden denn, wie die Ausflügler hinterher rekonstruierten, waren die Diebe durch die vom Palastbesuch zurückkommenden gestört worden und hatten die Flucht ergriffen. So konnte die Fahrt nur mit zugeklebtem kleinem Fenster am Audi fortgesetzt werden.

In Montpellier übergabt ihr den Sperber an die nächste Crew, um selber mit dem Wagen über St. Marie de la Mer den Rückweg anzutreten.

Nach einigen Tagen, die mit Flügen rund um Carpentrace, aber auch mit PKW-Fahrten nach Avignon und Aix en Provence vergingen, hieß es, den Rückweg Richtung Deutschland anzutreten. Dieses Mal nahmst du das Auto, um in Dole wieder als Pilot den Sperber Richtung Basel zu fliegen. Nach einem kurzen Stopp in Basel flogt ihr zum Übernachten nach Freiburg. Die Großwetterlage hatte sich geändert. Aus dem großen Hoch, das eine Woche für das westliche Europa wetterbestimmend war, wurden einzelne kleine Tiefdruckgebiete, die den Flugweg nach Norden unpassierbar machten. Manfred nahm in Freiburg den Wagen. Er fuhr über Tübingen, wo eine Feier seiner Familie stattfand – nach Hamburg. Der Rest der Truppe machte sich an einen Samstag den Rhein abwärts bis Heidelberg fliegend, dann über den Odenwald nach rechts abbiegend auf zur Barbarossa-Stadt

Gelnhausen. Seit der EU-Erweiterung findet sich in einem Stadtteil Gelnhausens die geografische Mitte Europas. Doch bis dahin sollten einige Jahre vergehen. Spätestens in Gelnhausen war nun wetterbedingt wegen aufliegender Bewölkung in den Mittelgebirgen Schluss mit dem Weiterflug Richtung Norden. Das Wetter besserte sich am Sonntagmorgen nur marginal. Am frühen Nachmittag wollte ein anderer Pilot, der mit im gleichen Hotel übernachtet hatte, „Banner Meyer" aus Bremen, einen Wetterflug wagen. Nach Absprache gab er den Piloten des Sperbers und der Cessna Richtung Wetterau fliegend, über Funk grünes Licht, dass ein Weiterflug Richtung Gießen und Marburg möglich sei. Hartmut in der Cessna und Dieter im Sperber in Command fliegend, folgten seinen Vorschlägen und schafften es, bei grenzwertigen Bedingungen nach Porta Westfalica zu kommen.

Es wurde spät, als die Besatzung des Sperbers und der Cessna 150 nach dem Tanken in Porta kurz vor 20 Uhr in Hamburg landete.

Der vorher in Ruhe befindlichen Luft müssen alle diese Bewegungen, die für das Hindurchlassen des Körpers durch die Luft nötig sind, erst erteilt werden; und deshalb setzt die Luft den in ihr bewegten Körper einen gewissen messbaren Widerstand entgegen, zu dessen Überwindung eine gleichgroße Kraft gehört.

Otto Lilienthal

Rückflug von Zell am See
Du lernst etwas über das Fliegen in den Alpen

Wegen der Krebserkrankung deiner Frau Heide kannst du nicht am geplanten Fliegerurlaub in Zell am See teilnehmen; den Urlaubern gegenüber verabredest du jedoch, den Sperber nach dem Fliegerurlaub der Piloten und ihrer Familien von Zell a.S. abzuholen und nach Hamburg zurückzufliegen. Du nimmst den Nachtzug über München nach Zell. Mit dem Liegewagen kommst du entspannt am Morgen des 9.Juli in Zell an. Ernst gibt eine kurze Einweisung mit drei Runden auf dem dortigen Flugplatz. Reinhold B. lädt dich am Nachmittag zu einem über zweistündigen Flug in der Großglocknerregion ein. Zum ersten Mal genießt du das Alpenpanorama .Am nächsten Morgen – einem Sonntag – bittet dich Ernst seinen 14-jährigen Sohn mit nach München-Riem zu nehmen, um ihn dort an den Onkel zu übergeben. Der Junge hat bereits segelfliegerische Erfahrungen und ist auf der kurzen Strecke aus den Alpen heraus ein guter Copilot im hinteren Sitz. Du erinnerst dich an die Turbulenzen im Endanflug von Riem. Der Airport München-Riem ist mittlerweile Geschichte. Der Flugplatz wurde einige Jahre später zugunsten des neuen Airports „Franz-Josef-Strauss" im Erdinger Moos geschlossen.

Dieter L., ein pensionierter Lufthansa Kapitän und Mitglied in der Fluggruppe erwartet dich in Riem, um über Würzburg und Celle den Flug nach Hamburg zu begleiten.

Viersitzer und andere Motorflugzeuge

Pipers PA 28

Die Kooperation der Fluggruppe Hamburg mit dem Fliegerclub der Lufthansa gab dir die Möglichkeit, Motorflugzeuge des Lufthansa Flugclubs zu fliegen. Die Einweisung auf die Cessna150 und 172 bestand mit deiner Lizenz PPL A bereits. Der Flugclub hatte aber auch mehrere viersitzige Piper 28. Das Neue Jahr 1984 begann mit der Einweisung auf Piper. Heinz R., ein erfahrener Einweisungspilot des HFC wies dich an einem kalten und sonnigen Februartag in die Geheimnisse der PA 28 D-EFLI ein. Hartenholm war wegen der Hartbelagbahn der geeignete Platzrundenflugplatz.

Mit dem Sperber führte Anfang Juni eine Reise zusammen mit Hartmut nach Bornholm. Bei marginalen Wetterbedingungen flogen sie am 2. Juni von Hamburg über den Fehmarnsund nach Roskilde. Eine dort abgehaltene Flugshow sorgte für einen „Near Miss" mit einer DC 3 im Anflug auf EKRK. Die Sichtbedingungen dort wurden mit 4 km angegeben. In zwei Stunden flogen sie – tief, um die Sicht zu den Wellen der Wasserstraße zwischen Dänemark und Schweden nicht zu verlieren, von Roskilde nach Roenne/Bornholm. Aufregend waren die mehr als zwanzig Minuten von Ystad/Schweden über die Ostsee, bis sie die Küstenlinie bei Hammershus erreichten.

Auf dem Röntgenkongreß 1985 in Nürnberg sprach Wolfgang davon, dass nach dem Kongreß ein Familienurlaub mit Sanna, Luise und Fillip auf der dänischen Insel Samsö geplant sei. Wie wäre es, so fragte er dich, wenn Du uns mit Jan mit dem Flugzeug besuchen kommst? Das war eine « bonne idée ». An einem Sonntag Ende Mai, nahmst du mit deinem siebenjährigen Sohn im Sperber den Weg von Hamburg nach Sonderburg, nach der Landung und Auftanken führte der Weg östlich an Odense vorbei über das Wasser der Ostsee nach Samsö. Das

Flugfeld von Samsö wird nicht durch einen Flugleiter geführt. Anders als in Deutschland meldet man als Pilot sein Vorhaben über Funk, überfliegt den Platz, um den Wind und die Platzverhältnisse zu erkennen, und landet.

Einige Jahre später: Familie von S. macht wieder auf der Insel Samsö Urlaub. Diesmal begleitet Susanne den Piloten des Sperber.

Über Sonderburg flogt ihr die Insel an, die du drei Jahre zuvor zusammen mit deinem kleinen Sohn besuchst hattest. Bevor ihr am Sonntag die Insel verlassen habt, durften nacheinander Sanna, Luise und Fillip das Eiland von Oben kennenlernen. Für Fillip, der wie Jan in dem Jahr 10 Jahre alt wurde, war es möglicherweise der Initiationsflug, der ihm Freude in der Luft bereitete und über eine fliegerische Ausbildung in Trevor City/USA ins Cockpit der Airliner brachte. Heute fliegt er als Copilot bei der Lufthansa Cargo auf MD 11.

Der Flugclub der Lufthansa hatte gegen den Widerstand vieler Mitglieder auf Betreiben des Vorsitzenden A. mehrere französische Reiseflugzeuge mit dem Kürzel TB 10 gekauft. Diese sollten die Flotte des Clubs modernisieren. Am Ende spaltete diese Einkaufspolitik den Club. Mit A. gründete sich ein neuer Verein, die „Freunde der Hanseatischen Flieger" mit dem Standort Uetersen. Unbenommen dieser Tatsache flogst du im Juni eine Einweisung auf der TB10 D-EJPI mit Jürgen R. als Einweisungspilot in Hartenholm und Uetersen. Später solltest du die TB10 als Reisemaschine noch schätzen lernen. Für mitfliegende Gäste war das Cockpit einem Mittelklasse- PKW nicht unähnlich. Fliegerisch hatte sie allerdings einige Schwächen, was sich durch das Verhalten im Strömungsabriss zeigte. Ein Pilot des Fliegerclubs stürzte im Anflug auf Hamburg durch Wirbelschleppen eines vorauslandeten Jet ab – überlebte jedoch.

Mit Herbst und Winter hattest du dich entschlossen, im Club die CVFR-Schulung aufzunehmen. CVFR[4] ist die Abkürzung für das Fliegen nach Sicht in kontrollierten Lufträumen wie zum Beispiel in hochfrequentierten Gebieten von internationalen Flughäfen. Die theoretische Schulung fand jeweils am Sonntag in den Räumen der Luftwerft Hamburg mit unterschiedlichen Theorie - Lehrern statt. Dein fliegender Kollege in der Firma, Rolf J., gesellte sich für die ersten Sonntage dazu; wegen der für ihn unklaren Situation, wo er die praktische CVFR-Schulung aufnehmen könnte, brach er die Ausbildung ab. Schlussendlich flogst du die Praxis mit R., einem aktiven Controller des Flughafens Hamburg.

Anfang April flogst du auf der TB 10 D-EFLT mit Susanne und den Kindern nach Föhr. Kurz vor der praktischen CVFR-Prüfung mit Herrn R.,

---

[4] CVFR Controlled Visual Flight Rules (Kontrolliertes Fliegen nach Sichtflugregeln)

einem Prüfungsrat, nahm dir dein Einweisungspilot im April die erworbenen Fähigkeiten des kontrollierten Sichtflugs ab. Einen Tag später, flogst du mit dem Prüfer die praktische Prüfung auf der TB 10 D-EFLT. Herr R., der nicht Mitglied des HFC war, bemängelte die Flugeigenschaften der TB10 hinsichtlich des Strömungsabriss-Verhaltens.

Holm und seine Frau aus der Fluggruppe begleiteten dich und Susanne auf der TB10 D-EACQ nach Westerland. Es wurde gebadet, die Sonne schien warm. Verzichtet hast du auf eine Wetterauskunft für den Rückflug: Am Nord-Ostsee- Kanal wurde der Sichtflug wegen tiefer Bewölkung überaus schwierig. Die Wolken waren bis auf 800 Fuß gesunken. Anstatt umzukehren und auf einem Flugplatz in der Nähe zu landen, flogt ihr immer wieder in Wolken ein. Nur durch die erworbenen Fähigkeiten der CVFR - Schulung im zurückliegenden Winter gelang es dir, nach künstlichem Horizont fliegend, ohne

Katastrophe den Flughafen Hamburg zu erreichen.

Zell am See

Mitte Juni steht der Familienurlaub in Zell a.S. an. Dieter will die Familie in der ersten Woche dorthin begleiten und gemeinsame Flüge unternehmen. Während Susanne mit den Kindern im Golf Cabrio – einen Dachgepäckträger hast du extra, um die vielen Dinge für den Urlaub mitnehmen zu können – gekauft, - in einem Rutsch nach Zell fährt, fliegen Dieter und du mit dem Sperber in Richtung Süden. Vielen Schauern auf dem Weg im Weserbergland ausweichend, gelangt ihr nur bis Gießen. Dort zwingt euch eine Front endgültig zum Landen auf dem Flugplatz Gießen. Anderntags wird das Wetter deutlich besser. Von Gießen kommt ihr problemlos nach Eggenfelden. Nach dem Auftanken und Flugplanaufgabe liegt die Strecke nach Zell nur noch anderthalb Stunden entfernt.

Die ersten fünf Tage haben die Freunde aus der Fluggruppe den Sperber für sich. Mit Jan, später mit Susanne fliegst du rund um Zell. Dazu gehören Rundflüge Richtung Pertisau, Zillertal, Gerlospaß und Bischofshofen. Mit Jan machst du einen Flug über das Salzachtal, der euch bis nach Salzburg führt. Hoch über Salzburg schaltest du den Motor ab. Im Segelflug aus 11 000 Fuß gleiten Vater und Sohn über die Berge zurück nach Zell. Bevor du den Motorsegler vor Abschluss des Urlaubs an Fritz K. vom HFC, der als Rückholer des Flugzeugs fungiert, übergibst, fliegt du nochmals allein den Flugplatz St. Johann an.

Die drei skandinavischen Hauptstädte

In Hamburg nehmen Dieter und du eine Flasche Cognac aus dem zollfreien Verkauf (damals galten noch nicht die EU- Richtlinien) mit an Bord des Sperber. Diese Flasche wird euch bei der anstehenden Wartung in Trollhättan zugutekommen, als ihr im dortigen Hangar einen Piloten um entsprechendes Werkzeug für die Wartung des Sperbers bittet.

Bei schönstem Hochdruckwetter fliegt ihr von Hamburg nach Malmö und landet bei starkem Wind auf der kurzen Bahn. Das Rollen bei Seitenwind macht einige Probleme. Der Weiterflug nach Rönne/Bornholm zum Übernachten und am nächsten Tag nach Trollhättan wird dann unspektakulär. In Trollhättan wird die nächste Wartung des Motors fällig. Wegen Problemen mit den Ventilen des Limbach Motors hatte der technische Leiter des Flugclubs entschieden, jeweils nach 25 Flugstunden eine Wartung durchzuführen. Mehr als das kleine übliche Werkzeug habt ihr nicht. Doch im Hangar des Fliegerclubs werkelt ein schwedischer Pilot an seiner Maschine: er hilft mit dem nötigen Werkzeug aus und freut sich über die mitgebrachte Flasche Cognac. Oslo erwartet die Piloten bei völliger Windstille. Beim folgenden Abendflug, der beim Abflug von Oslo einen „Near Miss" mit einer Oslo anfliegenden Lufthansa King Air beschert, könnt ihr die Umgebung von Oslo genießen. Nach teurer Übernachtung – auch damals waren die Hotelpreise in Norwegen schon gepfeffert – wird Karlstad am Vännernsee angeflogen. Auch hier folgt ein Aufstieg in der Abendstille in der Umgebung von Karlstad. Nach Oslo wird die zweite skandinavische Hauptstadt, Stockholm-Bromma besucht. Der in der Stadt gelegene Platz der Allgemeinen Luftfahrt bereitet den Piloten des Sperber Freude. Nach einer Zwischenlandung in Jönköping am Vättern gelangt ihr zur dritten Hauptstadt des Nordens, Kopenhagen. Ihr landet unweit der Hauptstadt Dänemarks in Roskilde. In Kopenhagen wird der Tivoli besucht, bevor ihr in letzter Minute den letzten Zug nach Roskilde erreicht. Dort wartet das Bett zur Übernachtung. In Roskilde beenden Dieter und du den Fliegerurlaub, bevor ihr nach Hamburg zurückkehrt.

Deutschlandflug Nr. I

Für den Deutschlandflug hast du einen geeigneten Mitflieger gesucht, der dich auf dem Sperber nach Zell am See begleiten sollte. In Zell machten die Piloten der PIK20 E - dem zweiten Flugzeug der Fluggruppe ihren Fliegerurlaub. Nachdem du den Kollegen und Freund Wolfgang vergeblich angefragt hattest und dieser aus beruflichen Gründen absagen musste, war Dirk der Mitflieger, der sich auf die Flugwoche freute. Dirk hatte zu der Zeit gerade sein Staatsexamen als Arzt abgelegt. Von Uetersen aus flogt ihr Mitte Juni bei guten Bedingungen in 3:45 Stunden nach Rothenburg o.d.Tauber. Schwierigere Sichtbedingungen lauerten vor der Auffanglinie am Main im Gebiet des Vogelsberg. Es war die Zeit der Flüge vor der Einführung des GPS. Nicht immer leicht zu wissen, wo sich das Flugzeug befand. Der Main bei Würzburg klärte die Situation auf. Nach einer Pause in Rothenburg führte der Flug nach Straubing zum Ausfüllen des Flugplans. Aber nach Zell am See zu kommen wurde durch anstehende Gewitter in den Bergen bei Salzburg unmöglich. Die Besatzung des Motorseglers landete kurzerhand in Salzburg. Am nächsten Tag gingen die Vögel spazieren: Die Wolken hingen tief. An einen Weiterflug war nicht denken. Während die Alpen im Stau waren, hatte sich über ganz Deutschland ein starkes Hoch ausgebreitet, das bis zu den Alpen ging – aber nur bis zum Alpenrand. Nach einem Tag in Salzburg, Mozartkugeln essend und großen Braunen trinkend (der österreichische Kaffee), entschiedet ihr euch für die weiteren Tage im Bereich des Hochs zu bleiben und flogt am Chiemsee vorbei dem Alpenrand folgend nach Friedrichshafen. Zum Übernachten machten du und Dirk einen kurzen Sprung nach Mengen, dort wo zu dieser Zeit der Entenflügler Speed Canard als zertifiziertes Flugzeug gebaut wurde. Leider war der Speed Canard kein großer Verkaufserfolg möglich. Wie so viele Neuentwicklungen in Europa war der Markt der Interessenten und Kaufwilligen zu klein zum Überleben des Unternehmens. Der weitere Flug sollte dann westlich des Landes über Karlsruhe nach Bonn- Hangelar gehen. Über das Wetter brauchtest du dir keine Gedanken zu machen: es bleib beim Hoch. Besonders der Rhein von Koblenz nach Bonn gehörte zu den schönsten Abschnitten dieses Fluges. In Bonn spazierten die beiden Flieger durch das Regierungsviertel. Vor dem Bundestag, dem Wasserwerk, wirkten die Absperrungen und die Präsenz der mit Maschinenpistolen bewaffneten Ordnungshüter beeindruckend auf euch. In 2:41 Stunden führte der Nordkurs nach Emden, bevor ihr am Abend nach einem wunderschönen Gleiten über die ostfriesische Inselwelt Uetersen erreicht habt.

Sei was du bist, entfalte dein wahres Selbst – jetzt und hier, und nichts kann dir im Wege stehen. So will es das Gesetz der großen Möwe *Richard Bach*

England die Erste

Schon Karlotta aus der Fluggruppe wollte immer schon nach England. Daraus wurde nichts. Dieter und du taten es. Nachdem ihr die Planung über die Flugroute abgeschlossen und Schwimmwesten mit dem kleinen Fluggepäck verstaut hatten, startetet ihr am 20. Mai von Uetersen zunächst nach Wilhelmshaven zur Flugplanaufgabe und nahmt den Weg über das holländische Friesland und die Utrechter Seen nach Rotterdam. Der mittlerweile nicht zu leugnende Hunger wurde aus Dieters Studentenfutterbeutel gestillt. Überhaupt hatte Dieter keinen Sinn für große Speiseneinnahme unterwegs. Erst am Abend, normalerweise nach einem Abendflug der vom letzten Flugplatz des Tages ausging und den Zweck hatte, die Umgebung kennenzulernen, aßt ihr vor Beginn der Nachtruhe in einem Restaurant. In Rotterdam wurde der Flugplan für Biggin Hill, unweit von London gelegen, aufgegeben. Ihr quertet die Flussmündungen von Rhein und Maas und flogt entlang der belgischen Küste bis in die Nähe von Calais. Die Sichten für ihre erste Kanalüberquerung erschienen gut, obwohl sich eine gewisse Spannung entwickelte. Wird der Motor über dem Kanal ausfallen? Warum sollte er, schließlich weiß er nicht, dass über Wasser geflogen wird. Trotzdem kommt es bei längeren Überwasserflügen mit einmotorigen Leichtflugzeugen immer wieder zu Motorausfällen, die meist darin begründet sind, dass es wegen zunehmender Luftfeuchtigkeit zu Vergaservereisungen kommt. Die Spannung legte sich, als ihr die Kreidefelsen von Dover saht. Am späten Nachmittag erreichtet ihr den Flugplatz, der im zweiten Weltkrieg als einer der Flugplätze der Invasion Geschichte geschrieben hat - Biggin Hill. Den Abend verbrachten die beiden Motorseglerpiloten bei einem scharfen Curryessen in einem indischen Restaurant in einem Vorort von London, wo ihr auch wie es sich gehört, in einer Bed & Breakfast Unterkunft übernachten konntet. Am nächsten Morgen führte euer Weg östlich um London herum nach

Cambrigde. Das schnelle, aber präzise Englisch der Controller im Funk war gewöhnungsbedürftig. Mehr als einmal musste der gerade funkende Copilot um „ please repeat" bitten. Cambridge, neben Oxford eine der beiden weltbekannten Universitätsstädte Englands, lud zu einem langen Stadtbummel an den Colleges vorbei, ein. Am nächsten Tag stand das Flugmuseum Duxford auf eurem Plan. In nur 20 Minuten flogt ihr die Grasbahn von Duxford an. Duxford – du hast es später immer wieder einmal besucht, zeichnet sich dadurch aus, dass die Exponate (Flugzeuge aus dem ersten und zweiten Weltkrieg) zum großen Teil so restauriert wurden, dass sie flugfertig gehalten werden. In weiteren 40 Minuten flogt ihr in westlicher Richtung nach Booker, Wycombe Airpark, wie der Flugplatz offiziell heißt. Booker gilt neben Biggin Hill als Eldorado der Londoner Hobbyflieger. Hier ist die Flugschule des Flugclubs von British Airways stationiert, also das englische Pendant zum HFC. Der nächste Tag sollte Dieter und dich weiter südwestlich um die englische Metropole nach

Exeter führen. Dort gab es eine ausgiebige Mittagspause. An der Küste des englischen Kanals entlang fliegend, kamt ihr über die Needles der Isle of Wight zum Flugplatz Sandown/Wight. Auch dort fandet ihr ein Bed & Breakfast Quartier. Zur Flugplanaufgabe nach Lydd ging der Weg anschließend von Dover aus zurück über den Kanal zum Kontinent bei Calais und weiter in weniger als zwei Stunden über Nordfrankreich und die belgischen Ardennen nach Luxemburg International. In Luxemburg verbrachtet ihr den Abend und die Nacht. Luxemburg hinterließ außer dem Eindruck, dass alles teuer war, keinen bleibenden Eindruck. Ihr ließt Luxemburg mit Kurs auf die Eifel zurück und erreicht den Boden für einen Zwischenstopp auf der Dahlemer Binz. Pyrmont in der Nähe der Weser sollte der Platz zum Übernachten werden. Der Rückweg nach Uetersen wurde bei gutem Flugwetter ein Heimspiel, bis vor der Elbe in Höhe von Zeven der Motor Aussetzer zeigte. Dieses Problem war euch bekannt, trotzdem war eine Landung am nächten Flugplatz angesagt.

Es bot sich Seedorf an, das die Piloten ohne weitere Probleme anflogen. Benzin auffüllen war das Stichwort. Weil aber in Seedorf keine Tankstelle vorhanden war, half euch ein Fliegerfreund Benzin in Kanistern von einer Tankstelle zu holen. Ihr wart ziemlich sicher, dass die Motoraussetzer mit einem relativ niedrigem Benzinstand in den Flügeln zu tun hatten, der sich bei Kurvenflügen in Turbulenzen mit unregelmäßigem Motorlauf äußerte. Nach dem Auftanken in Seedorf flogt ihr den kurzen Heimweg ohne Aussetzer nach Uetersen. Nun wusstet ihr: Der Motorsegler des Vereins hatte England besucht.

Im vereinten Deutschland unterwegs

Im November 1989 tat sich die Mauer auf. Die ersten Motorflieger hatten Gelegenheit, das sich öffnende östliche Deutschland anzufliegen. Einige Mitglieder des Hamburger Aeroclub flogen im Frühjahr 1990 über die Ostsee von Dänemark kommend den Flugplatz Barth am Darß an. Es sollte noch einige Zeit bis zur offiziellen Vereinigung Deutschlands vergehen, bis der Sichtflug im östlichen Teil des vereinigten Deutschland unter normalen Bedingungen möglich wurde. Grund für die in 1990 noch nicht üblichen Bedingungen war die Präsenz der Sowjetmacht in den neuen fünf Bundesländern, die die Lufthoheit nur bedingt abgab.

Im Frühjahr 1991 wurden private Flüge mit der Herausgabe der ICAO Luftfahrkarten für Rostock und Berlin standardisiert. Im März flogst du mit einer Cessna 150 zusammen mit deinem Sohn über die offene Grenze an der Elbe aufwärts entlang über Mecklenburgischem Gebiet – einen Tag später schon mit Susanne. Bevor du im Juli eine neue berufliche Herausforderung in Berlin angetreten hast, flogst du Anfang Mai mit Dieter eine erste Etappe an der Ostseeküste Mecklenburgs über Barth, weiter an Rügen vorbei nach Heringsdorf auf Usedom. Dort bleibt ihr im Seebad Heringsdorf über Nacht. Der Charme der alten Kaiserbäder Ahlbeck, Bansin und Heringsdorf war trotz der verfallenden Villen und blätternder Farbe noch sichtbar. Am Flugplatz Heringsdorf zurück hieß es zunächst warten: Seenebel hatte sich über Usedom und dem Bodden ausgebreitet. Im nahen Anklam auf dem Festland strahlte der Sonnenschein. Erst als sich der tiefe Stratus gegen Mittag anhob, kamt ihr im tiefem Flug über den Bodden in Richtung Anklam, wo blauer Himmel und Sonnenschein eine Fortsetzung des Fluges parallel zur Oder nach Straußberg möglich machte. Straußberg, bis 1990 Flugplatz der Nationalen Volksarmee, war noch unter der Leitung der Bundeswehr. Es zeichnete sich aber bereits ab, dass dieser Flugplatz kurze Zeit später in zivile Hände übergehen würde. Heute ist Straußberg neben Schönhagen einer der beiden Zentren der „General Aviation" von Berlin.

In Straußberg fand eine Festivität der kleinen Stemme Produktion statt. Die Firma Stemme (vom Physiker und Segelflieger Dr. Rainer Stemme in Berlin gegründet) war für die

Produktion ihrer Stemme S 10 nach Straußberg umgezogen. Da Dieter und du mit einem Motorsegler einflogen, machte Rainer Stemme euch den Vorschlag, bei einem Mitflug seine S 10 kennenlernen. Du nahmst diese einzigartige Möglichkeit wahr. Noch war in Straußberg die alte DDR spürbar. Die Motorseglerpiloten übernachteten in einem Heim der ehemaligen Fliegeroffiziere der NAV in einem Vier-oder Sechsbettzimmer. Am nächsten Morgen stand eine besondere Herausforderung bevor: Ihr wolltet von Straußberg aus Tempelhof anfliegen. Nach mehreren Telefonaten, die ein nunmehr Bundeswehroffizier, vormalig NVA-Offizier für euch führte, gab es grünes Licht für den kurzen Flug nach Tempelhof. Du solltest später nochmals Tempelhof anfliegen, doch war der erste Überflug über Berlin Mitte etwas ganz Besonderes. Nach der Landung in Lübeck, die bei marginalen Wetterbedingungen vom Brunkendorf VOR aus kommend sich verschlechterte, wurde am übernächsten Tag die fliegerische Entdeckungstour in die neuen

Länder fortgesetzt. Mit dem Waldkircher Schwager von Dieter flogst du am 7. Mai von Lübeck nach Braunschweig, während Dieter mit seiner Frau Erla und deren Schwester mit dem Wagen nach Braunschweig fuhr. Am gleichen Abend entdecktest du mit Dieter den Harz. Ihr rundeten südlich und östlich über das norddeutsche Gebirge.

Erla lebt nicht mehr. Als Mitfliegerin hatte sie immer viel Freude. Nach Leipzig-Mockau - ein Platz der kurze Zeit später mit einem Auslieferungslager von Quelle bebaut wurde, stieg sie zu dir in den Sperber als Gast.

Am nächsten Tag sollte der Weg von Braunschweig nach Dresden gehen. Dieter wollte dort am Treffen seiner Studentenverbindung teilnahmen, die dort tagte. Teilweise mussten Dieter und du starker Bevölkerung entlang der Elbe vor Dresden ausweichen. Für Dieter immer eine Herausforderung, wenn er dem Wetter ein Schnäppchen schlagen konnte. Doch richtig gefährlich wurde der Flug nicht. Ein Motorsegler auf dem Flugplatz Dresden war eine Besonderheit in den frühen Monaten nach der Deutschen Einigung. Der Rückflug führte euch zur Zwischenlandung auf dem Grasplatz Magdeburg, der sich auch für einen Motorsegler als außerordentlich holprig erwies. Nach einer kurzen Pause hebt ihr ab zurück nach Braunschweig.

Prag zum Ersten

Das benachbarte Osteuropa ist offen. Angeregt durch einen Geschäftsbesuch 1990 in Prag will Paul auch mit dem Clubflieger der Fluggruppe dort hin. Dieter ist einverstanden. Am 1. Juni packen sie ihr kleines Fluggepäck in den Sperber, tanken auf, holen sich das Flugwetter für den Kurs auf Dresden und starten in Uetersen . Nach zweistündigem Flug landen sie in der sächsischen Hauptstadt, um nach einer Pause und ausgefülltem Flugplan der Elbe über Usti nad Labem zu folgen. Prag-Ruzyne, der Internationale Flughafen von Prag ist nicht mehr weit. Der englische Flugfunk des Controllers ist gut zu verstehen. Keine wirkliche Herausforderung ist für die Piloten der Anflug, schon weil sie An - und Abflüge von Hamburg gewohnt sind. Ein wunderbarer Tag in der alten Stadt folgt, sie wohnen im Europa Hotel und spazieren über die Karlsbrücke.

Eigentlich wollen sie den Rest der Woche in Tschechien Fliegerurlaub auf weiteren Plätzen machen, doch der Wetterfrosch am Platz prophezeit ihnen: „Wenn ihr heute nicht Tschechien verlässt, sitzt ihr die ganze Woche hier am Boden!" Also, nichts wie weg!

Diesmal wollen sie in Erfurt Zwischenstation machen. Lange vor Erfurt macht ihnen dann eine Gewitterfront zu schaffen, der sie ausweichen müssen. Nach der Landung, sie sitzen noch im Flugzeug, regnet es wie aus Kübeln. Es regnet auch am Folgetag. Auch im Regen kann man Weimar besuchen. Die Piloten leihen sich ein Auto und besuchen Goethes Wohn- und Arbeitsstätte. Interessiert sind sie auch am Besuch des optischen Museums von Zeiss und Abbe in Jena. Dort übernachten sie in einer Pension. Auch nächsten Tag – der Regen hat endlich ein Einsehen mit den Fliegern – fahren sie von Jena zurück nach Erfurt und starten bei noch mäßigen Sichten – der Dunst löst sich erst mittags auf – in Richtung Norden. Erst in der Gegend um Magdeburg bessert sich die Sicht. Ihr Ziel wird nun Rügen sein. Auch dort übernachten die beiden in einer Pension in der Nähe des Flugplatzes Güttin. Das Wetter im Norden ist phantastisch: Obwohl sie nach den Erlebnissen in Prag und Thüringen genug gesehen haben, lockt der Überflug über die Ostsee in das nahe Maribo, bevor sie abschließend nach Uetersen zurückkehren.

Gewitter im Aufzug

Der Wetterbericht spricht von extrem warmer Luft aus der Sahara, die nach Norden vorankommt. Ab Nachmittag sind Gewitter mit Schauern, Turbulenzen und teilweise Hagel vorausgesagt. Es soll trotzdem ein kurzer Flug am Vormittag werden, der ihn von Uetersen aus in die nähere Umgebung bringt. Nach dem Abheben sind die Sichten passabel, die Bedeckung des Himmels wirkt wie wenn ein Maler Pastellfarben verwendet. Richtig gut ist die Landschaft unter ihm nicht zu sehen. Er fliegt an Elmshorn und Itzehoe vorbei, bevor er den Anflug auf Rendsburg vorbereitet. Während der südliche Wind ihn mit mehr als 20 Knoten schiebt, herrscht bei der anschließenden Landung in Rendsburg kaum Wind am Boden. Der Flugleiter am Platz spricht von einer Gewitterwarnung, die gerade per Fax vorliegt. Das Gewitter kommt also schneller voran, als zunächst prognostiziert. Nichts wie zurück, sagt er sich. Im Funk von Bremen Information hört er, wie ein französischer

Pilot, der nach Helgoland will, vor einer Gewitterlinie gewarnt wird, die sich von der Deutschen Bucht bis Flensburg erstrecken soll. Noch ist das Wetter auf dem Wege nach Uetersen unverändert. Er landet in Uetersen, tankt das Flugzeug auf und rollt zum Hangar. Die Flugzeugwäsche geschieht durch den Regen, der nun einsetzt.

Beim östlichen Nachbarn in Polen

Einige Hochdruckgebiete über der polnischen Ostsee hatten sie verpasst. Anfang Juli macht sich ein kleines Wetterfenster für den Sichtflug Richtung Danzig auf. Danzig soll es auf jeden Fall sein. Paul hatte viel Interessantes über das alte und neue Danzig gelesen. Am gleichen Tag von Uetersen nach Danzig zu fliegen, war nicht möglich. Jens und Paul machen einen Übernachtungsstopp in Anklam an der Peene, das sie schon gut kennen.

Anläßlich des Jubiläums "100 Jahre Menschenflug" im Jahre 1991 wurde das Otto-Lilienthal-Museum im Rahmen einer Festwoche im Gebäude des ehemaligen Heimatmuseums übergeben. Anklam gibt sich den Beinamen "Lilienthalstadt" und veranstaltet ein Treffen aller Luftsportarten auf dem Flugplatz.

Das Fliegen in Polen hatten sie im Vorjahr mit einem Flug von Anklam kommend (ohne Flugplan, was nun erlaubt ist), die Oder aufwärts Richtung Stettin, schon geübt. Auf der polnischen Informationsfrequenz war die Stimme des Controllers laut und klar; sein Englisch gut zu verstehen. Nun fliegen sie nach dem morgendlichen Start in Anklam über Heringsdorf auf Usedom zur Mündung der Oder bei Swinemünde. Der Kontakt mit dem polnischen Controller besteht bereits. Sie folgen der Ostsee-Küstenlinie, sehen kleine Küstenorte mit Häfen, überfliegen Kolobrzeg, auf Deutsch Kolberg, sehen kurz hinter Kolobrzeg einen alten Militärairport mit paralleler Bahn zur Küste, der nicht auf ihrer Fliegerkarte eingezeichnet ist und biegen nach Anweisung des Controllers ab in Richtung Słupsk, das frühere Stolp. Die Landschaft wird hügeliger und nach einigen Minuten scheint sie stärker bewohnt. Danzig, erkennbar an den Hafenanlagen, kommt näher. Paul und Jens landen auf dem Gdansk International Airport.

Einen Tag nehmen sie sich Zeit zur Erkundung dieser schönen Stadt an der pommerschen Ostsee mit ihrer Tradition der Hanse. Das Wetter schlägt aber auch schon um. Ein Tief von Süden bis ins Baltikum bleibt über Danzig stationär – und lässt ihnen keine Möglichkeit, den Ort unter Sichtflugbedingungen zu verlassen. Von Usedom bis nach Helgoland herrscht gutes Flugwetter. Nachdem sie bis in den Nachmittag bei den Wetterfröschen des Airports verharrt haben, an den Tischen vor der Personalkantine ihre dritte Pfeife des Tages geraucht hatten – immer wieder die Diensthabende in der Wetterberatung aufgesucht haben und keine Besserung für den

Abflug sichtbar wurde, geben sie auf und gehen in eine Pension in der Nähe des Flugplatzes. Am Abend wollen sie einen Spaziergang unternehmen. Weil die Straße an der Pension aber keinen Bürgersteig hat, bei starkem Verkehr es nicht ratsam ist, auf der Straße zu gehen, suchen beide den Weg zu einem Neubaugebiet. Plötzlich stehen sie am Zaun. Hochgesichert, nur über die Eingabe eines Codes ist in das Wohngebiet zu kommen. Was sagt ihnen das? Verhältnisse wie in Florida sind in Europa angekommen?

Ab Mittag lockern die Wolken auf. Ein Abflug wird möglich. Ein Anruf in Anklam am Flugplatz bescheinigt Jens und Paul gutes Flugwetter. Also den obligatorischen Flugplan machen und los. Zunächst fliegen sie unter einer geschlossenen Wolkendecke. Etwa nach der Hälfte der Flugzeit lockert die Bewölkung auf; blauer Himmel über Ihnen. Sie kommen an die Küste der Ostsee. Die Sicht wird diesiger. Kurz danach Seenebel direkt über dem Strand. Was ist, wenn der Nebel ihnen den Weg Richtung Usedom versperren würde? Danzig Control ist nicht in der Lage, ihnen das Platzwetter von Heringsdorf zu geben. Umschalten auf die Frequenz von Heringsdorf Tower bringt die Lösung.

„Heringsdorf hat gute Sichtflugbedingungen, aber die Kaiserbäder sind im Nebel", meint der Controller auf Usedom und lässt ihre Anspannung mindern. Da Heringsdorf „frei" ist, muss Anklam dies auch sein. Die Piloten entschieden sich für die Landung in Anklam, schon weil dort das günstige Superbenzin zum Nachtanken verfügbar ist. Eigentlich ist eine große Pause zur Entspannung angesagt. Mitnichten: Auf dem Tower hören sie, dass Gewitter auf ihrer Flugstrecke gen Hamburg im weiteren Verlauf des Nachmittags angesagt sind. Also nichts wie los. Schon in Höhe von Zarrenthin bekommen sie von Bremen Information die Aussicht auf einen „Direct to Uetersen", was de facto 10 Minuten kürzere

Flugzeit zum Umweg über den Hafen bedeutet. Beim Reporting Punkt Delta bestätigt Hamburg Radar den direkten Kurs midfield über Fuhlsbüttel. Ein kurzer, aber doch sehr eindrucksvoller Flug nach Danzig in ein Land der EU, das Jens und Paul bis dato noch nicht kannten, liegt hinter ihnen. Dzien Dobre.

Möwen, so schrieb es Richard Bach, lassen ihre Flügel niemals in der Luft „stallen", was in der Fliegersprache heißen soll, dass sie niemals einen Strömungsabriss hinnehmen werden. Feste Flügel, von Menschen konstruiert, unterliegen, wenn die aerodynamischen Bedingungen sich verändern, dem Strömungsabriß. Ein Landen ohne Strömiungsabriß wäre aber nicht möglich. Bei meist zu geringen Geschwindigkeiten im Landeanflug und im Kurvenfliegen, kommen aber immer wieder Menschen durch Abstürze zu Schaden.

Konstrukteure der Flugzeugflügel versuchen daher, die Auslegung der Flügel so zu gestalten, dass der Strömungsabriß möglichst beherrschbar bleibt.

Das erste eigene Flugzeug: Europa

Mitte 1996 nahm die Idee vom eigenen Flugzeug konkretere Formen an. Schon im Juli hatte Paul bei einem Besuch im englischen Yorkshire, genauer gesagt im kleinen Ort Kirbymoorside Gelegenheit, das Kitflugzeug Europa in der Luft kennenzulernen. Für ihn wird die Reise nach Yorkshire zu einem Wiedersehen mit der Region um die Yorkshire Moors. Im Sommer 1977 verbesserte er zusammen mit seiner Frau Heide im Seebad Scarbourough seine Englischkenntnisse. Nach einem kurzen Linienflug von Hamburg nach Manchester nimmt einen er einen Leihwagen für den Weg nach Kirbymoorside. Tags darauf fährt er zur Firma Europa Aviation. Im Anschluss an eine Führung durch das kleine Unternehmen darf er als Passagier in einer Europa für einen Flug über die Yorkshire Moors Platz nehmen. Das kleine Flugzeug begeistert ihn. Am Mittag fährt er über York nach Cambrigde zur Übernachtung. Cambrigde ist im Sommer fast ausgestorben. Die

Stadt, die durch die Studenten geprägt wird, hat Sommerferien. Er fährt weiter nach London und trifft dort seinen Sohn, der in Eastbourne seine englischen Sprachkenntnisse vor Ort trainiert. Gemeinsam sind sie am Nachmittag und den Abend in London unterwegs, bevor sie sich am Morgen trennen: Jan fährt mit der Bahn nach Eastbourne, Paul nimmt das Flugzeug ab Heathrow zurück nach Hamburg.

Im Oktober fliegt er zusammen mit Dirk per Linienflug wieder nach London, um in Kemble zwei zum Verkauf anstehenden Europas in Augenschein zu nehmen. Mit Martin „Stumpy" Stoner, einem Ex Piloten der Red Arrows, flog er auf dem Co-Pilotensitz rund um Kemble. Warum begeisterte er sich für die Europa?

Ivan Shaw, ein ehemaliger Berufsmusiker und Berufspilot, war begeisterter Erbauer von Kitflugzeugen. Er hatte den Mut, seinen Entenflügler „Long Eze" von der einmotorigen Version auf ein Zweimotoren Modell umzubauen. Das gelang ihm auch. Trotzdem war das

Entenflugzeug eher weniger für englische Flugplätze akzeptabel, weil wegen der langen Start-und Landeeigenschaften kaum Grasplätze anzufliegen waren. Ivan Shaw suchte nach einer Alternative, leicht als Zweisitzer, motorisiert mit einem modernen und effizienten Flugmotor und aus Glasfaser verstärktem Kunststoff bestehend. Es sollte mit 120 Knoten (Reisegeschwindigkeit) schnell sein und seinen Piloten und Begleitung ohne zwischendurch auftanken zu müssen, von einem südenglischen Flugfeld bis an die Pyrenäen bringen können. Ivan fand dieses Flugzeug seiner Vorstellung nur in seinem Kopf: er mußte es entwerfen und bauen. Hilfe gab es in seinem Netzwerk der Experimentalflugzeugbauer und durch Don Dykins, der als ehemaliger Tragflügelkonstrukteur bei Airbus den Flügel der Europa entwarf und berechnete. In Yorkshire wurden bei Slingsby bis in die neunziger Jahre Leichtflugzeuge gebaut, die auf Fournier Modellen basierten. Die Technik der Kunststoffbauweise war den Mitarbeitern bekannt. Ivan verstand es, Verträge mit diesen

Leuten und Herstellern rund um Kirbymoorside zu schließen, die Teile des Flugzeugs für die Auslieferung an ambitionierte Kitflugzeugbauer herstellten. Die Briten waren stolz. Tony Blair nannte es eines der Millennium Produkte des Vereinigten Königsreichs:

The Europa XS was named as one of the UK's Millennium Products by the then Prime Minister and described by Pilot magazine as "the most significant light plane of the decade"

1995 schaffte es der erste Käufer, seine Europa flugtüchtig zu machen: Peter Kember nannte es „The First of the Many". Er hatte recht – nach über tausend Flugstunden seinerseits und über tausend verkauften Kits baute er die nächste Europa, dieses Mal nicht mit einziehbarem Monowheel sondern in Dreibeinversion.

Das Bauen des Flugzeugs war Paul durch seine selbständige Tätigkeit in der Beratung radiologischer Einrichtungen verwehrt. Oder fürchtete er die Frustration vieler Kit – Flugzeug

Erbauer, die das Projekt vor dem Ziel aufgegeben haben? Er entschied sich für den Kauf. Die englischen Pilotenmagazine boten die ersten Verkaufsanzeigen.

Anfang 1997 hatte er sich entschlossen, das englische Kitflugzeug Europa bei Ian Valentine in Nordirland zu kaufen. Vereinbart wurde, dass Martin Stoner, der ihm das Flugzeug im Oktober 1996 in Kemble vorgeführt hatte, per Hänger die G-BWDP nach Lübeck bringen und ihn, seinen Neffen und Jens in der Luft einweisen sollte. Ende Januar, einem kalten Tag, die Elbe trug noch Eisschollen, kam Martin mit einem ihn begleitenden Freund am England Terminal in Hamburg an. Er folgte Paul mit Auto und Anhänger zum Airport Lübeck, wo das Flugzeug nun seine Basis finden sollte. Die Einweisungsflüge am gleichen und am nächsten Tag, abwechselnd mit Jens und ihm folgten. Nach dem Abschied von Martin und seinem Freund, flogen Jens und Paul am 31. des Monats den ersten gemeinsamen Flug mit der Europa.

Jens sollte kurze Zeit später Miteigner der G-BWDP werden.

Anfang März flogen Jens und Paul zum Üben von Starts und Landungen nach Barth am Bodden des Darß. Obwohl Paul mit dem Spornradfliegen auf dem Sperber einige Erfahrungen hatte, verhielt sich die Europa durch ihre kurze Rumpflänge eher zickig bei Starts und Landungen. Besonders Seitenwind von links hatte es nicht nur bei den Starts – auch bei den Landungen- in sich.

Mittlerweile fühlte Paul sich auf dem Vogel sicherer. Mit seinem Sohn unternahm er an den folgenden Tagen einen Flug rund um Lübeck. Jens allerdings hatte es als alter Spornradflieger und Berufspilot der er ist, deutlich einfacher, die zickige Europa zu fliegen.

Es sollte ein kurzer Dänemark Fliegerurlaub Anfang Mai werden. Das Wetter sah nicht besonders aus. Sie flogen schon in Höhe von Flensburg wegen niedrig hängender Bewölkung in nur 1000 Fuß. Eher als dänische Destinationen bot sich Sylt an. Nach einer Übernachtung in Tinnum wurde das Wetter im Norden besser, sodass sie Stauning mit dem dort beheimateten Flugzeugmuseum anflogen. Am nächsten Tag brachen sie den kurzen Urlaub ab und flogen, riesigen Schneewolken ausweichend, zurück nach Lübeck.

Die eigenwillige Spornradkonstruktion hatte viele Piloten der Europa in England bei Starts und Landungen zu kleineren Unfällen geführt. Häufig wurde der Propeller durch Bodenberührung zerstört. Auch Paul und Jens mussten diese bittere Erfahrung machen. Mit einer Modifikation der Spornradkonstruktion verbesserte sich das Start-und Landeverhalten deutlich. Sie ließen diese Modifikation durch Aviatec am Flughafen Lübeck installieren. Der erste Flug Anfang Mai bestätigte die Erwartung.

Auf Grasbahnen, wie in Rotenburg (Wümme) und Uetersen zu starten und zu landen, machte es mit der Europa einfacher, sicherer zu fliegen.

Auch in Lübeck bekamen Jens und Paul die Genehmigung, auf der Grasbahn der Segelflugseite zu starten und zu landen.

Die Europa G-BWDP war in Nordirland von Ian Valentine als Kitflugzeug unter der Schirmherrschaft der englischen Popular Flight Association entstanden. Die PFA, wie sie abgekürzt hieß – nunmehr Light Aircraft Association LAA – fungiert als die englische Selbstbauorganisation. Sie ist vergleichbar mit der Deutschen Oskar Ursinus Vereinigung, jedoch wesentlich größer, da in England das Selberbauen von leichten Flugzeugen eine große Tradition hat. Die LAA hat in den meisten Regionen technische Inspekteure, die den Bau eines Flugzeuges begleiten und häufig auch beim Einfliegen des fertigen Fluggerätes aktiv sind. Im Falle der Europa war Paul besonders Graham Singleton aus Derbyshire dadurch aufgefallen, dass er eine Reihe von Modifikationen herstellte, die der Verbesserung der Europa dienten. Graham fand sich ohne

Umschweife bereit, in Lübeck die jährlich notwendige technische Lufttüchtigkeitsprüfung der G-BWDP durchzuführen. Er kam an einem kalten Januartag mit Ryanair von Stansted nach EDHL. Eine gute Gelegenheit für Paul und Jens, am Abend mit Graham und den anderen Europafliegern und Erbauern im Restaurant Hubertus über die Dinge rund um die Europa zu diskutieren. Graham stand Paul und Jens dann noch zweimal zur jährlichen Abnahme zur Verfügung. 1999 verletzte er sich durch einen Flugunfall schwer. Ersatz ergab sich durch einen anderen Inspektor, der durch den Europa Club vermittelt wurde. 2001 kam Graham dann nach seiner Genesung wieder nach Lübeck, um das Flugzeug an den Käufer zu übergeben.

Eigentlich sollte der Fliegerurlaub 1998 mit der G-BWDP nach England führen. Das schlechte Wetter an der Weser und ein nicht funktionierender Transponder, der beim Flug über Holland ein „Muss" ist, ließen Jens und Paul in Nordholz-Spieka das Vorhaben abbrechen.

Am Tag des ICE (Zug-) Unglücks bei Celle, bei dem mehr als hundert Menschen sterben mussten, flogen sie bei anfänglichem Dunst zur Reparatur des Transponders zurück nach Lübeck Nach Reparatur des vor allem in Kontrollzonen wichtigen Transponders setzten sie die Reise zu einem Kurzbesuch nach Dessau und Magdeburg fort.

Zur alljährlich in Stauning stattfindenden Kramme und Zeuthen (im dänischen KZ)-Rallye flogen Jens und Paul in nur einer Stunde und fünfunddreissig Minuten von Lübeck nach Stauning. Dort gab es Oldtimer und Experimentalflugzeuge zu bestaunen. Ihre Europa wurde gern gesehen. Nicht begeistert war das Publikum am nächsten Tag: es gab Probleme beim Anlassen des Motors verbunden mit einem Schütteln des gesamten Rumpfes. Ein Phänomen, das ihnen über die Flugsaison ein Rätsel aufgeben sollte. Nach Abschluss der Veranstaltung flogen sie zunächst nicht direkt nach Lübeck. Der Weg sollte über Jütland und

Samsö nach Roskilde führen. Über Samsö bildete sich starker Dunst, sodass der Berufspilot Jens nach künstlichem Horizont statt nach Sicht fliegen musste.

Das Problem bei Anlassen des Rotax verschärfte sich. Besonders beim Kaltstart war ein Anlassen nur bedingt möglich. Der Anlasser ließ den gesamten Rumpf erschüttern. Abhilfe versprachen sich die Eigentümer beim Luftfahrttechnischen Betrieb Salomo in Parchim.

Die Einstellung der Vergaser durch Salomo brachte nicht den gewünschten Erfolg. Endgültige Abhilfe sollte es durch den Rotax Spezialisten Heilig in Ganderkesee geben. An einem Sonntag flogen sie zunächst nicht Richtung Bremen und Ganderkesee, sondern machten einen Genussflug über den Harz in das thüringische Obermehler. Erst am Spätnachmittag ging der Flug nordwestlich über Göttingen und über das niedersächsische Hügelland nach Ganderkesee. Sie stellten die Europa über Nacht ab und blieben zur

Übernachtung im Hotel am Platz. Ihre Absicht, Herrn Heilig am nächsten Morgen den Start mit kaltem Motor vorzuführen, ging auf. Er erkannte sofort die Fehlerquelle. Die Klauen der Rutschkupplung zum Getriebe waren trotz einer luftfahrttechnischen Anweisung nicht ausgetauscht worden. In einer einwöchigen Aktion wurde die Kupplung ersetzt: das Problem des Anlassens war gelöst. Jens und Paul wurden von einem Piloten mit nach Bremen genommen. Von dort führte der Weg mit einem Leihwagen zurück nach Lübeck. Eine Woche später holen sie die Maschine in Ganderkesee ab und flogen mit einer Zwischenlandung in Heide-Büsum nach Lübeck.

Norbert Hoffmann war ein echter Freund. Als pensionierter IT-Spezialist aus dem Taunus nach Lübeck umgezogen, baute er noch an seiner Europa, als Paul und Jens ihn kennenlernten. Später konnte Norbert seine Europa als D-EUPA registrieren. Einige Deutschlandflüge, auch ein gemeinsamer Flug in der Europa und Katana von

Stade nach Borkum zusammen mit Jens und Norbert in der Europa und Paul mit Passagier Manfred, der übrigens eine sehr modifizierte Europa baut, bleiben in Erinnerung. Den erhofften USA - Flug mit seinem selbst erschaffenen Flugzeug konnte Norbert nicht mehr erleben: Er verstarb viel zu früh an seinem Krebsleiden.

Wer erinnert sich noch an das Roll-over Problem des Jahres 2000? Die Programme, die vor vielen Jahren geschrieben worden waren, erkannten nicht die Jahreszahl 2000 und folgende. Zu den programmierten Geräten, die diesem Fehler unterlagen, gehörte auch das mit der Europa erworbene Skyforce GPS. Eine Modifikation war notwendig geworden.

Bei damals älteren PCs kam hinzu, dass die interne Echtzeituhr nicht automatisch das Jahrhundert umschalten konnte, was weder vom BIOS noch von MS-DOS oder Windows 98 automatisch korrigiert wurde. Speziell EDV-gesteuerte Hardwarekomponenten (sog.

eingebettete Systeme, engl. embedded systems, z. B. in Alarmanlagen, Videorecordern, Werkzeugmaschinen ...) konnten Probleme darstellen, da hier der Anwender nicht einfach die Software umprogrammieren konnte, sondern dies vom Hersteller (wenn noch vorhanden) erledigen lassen oder sogar die Hardware austauschen musste. Auszug aus Wikipedia: Jahr 2000 Problem

Paul schickte das GPS zum Hersteller nach England. Beim nächsten Flug musste Paul auf die Unterstützung der Globalen Satelliten Navigation verzichten. Es war ihm ungewohnt, nur nach Kompass, Karte und VOR zu fliegen.

Jan hatte sich nach Abitur und Zivildienst entschlossen, ein Studium zum Wirtschaftsingenieur in Offenburg aufzunehmen. Bevor er sich in den Schwarzwald verabschiedete, flog Paul mit ihm an einem schönen Augusttag an die Elbmündung über die Insel Neuwerk zur Landung in Bremerhaven.

Anfang April 2000 führte Paul wieder ein Alleinflug nach Heide-Büsum. Bei der Landung kam der Propeller dem Boden zu nahe. Shit. Er musste die Europa in Heide-Büsum abstellen. Ein Pilot des dortigen Flugclubs flog ihn zurück nach Lübeck. Während seines darauffolgenden Kreta Urlaubs flog Sfefan von Aviatec in einer C172 zusammen mit Jens und Norbert nach Heide-Büsum, um den neuen Propeller zu montieren. Nach der Arbeit kehrten Jens und Norbert in der Europa und Stefan allein mit der Cessna zurück. Für Paul wurde der Ausflug an die Nordsee sehr teuer. Neben dem neuen Propeller hatte er auch den teuren Cessnaflug zu zahlen.

Einen Monat später waren Jens und Paul in der Europa zur Übung von Starts und Landungen in Flensburg, Stade und Uetersen unterwegs. Es sollte Paul bis zum bitteren Brand der Europa eine Woche später nicht mehr gelingen, Vertrauen in das Flugzeug zu gewinnen. Beim Flug von Braunschweig nach Lübeck begegneten sie in Höhe des Elbe Seitenkanals bei Lauenburg der JU52 der Lufthansa Stiftung. Eine Zeitlang flogen sie parallel bei etwa gleicher Geschwindigkeit. Nach der Landung in Lübeck folgte die übliche Kanisterbetankung. Sie geriet zu einem Fiasko. Nicht nur weil sie im Hangar betankten, sondern weil sich im Trichter zum Tank eine Stichflamme offensichtlich durch statische Aufladung bildete. Jens, der den Trichter hielt, ließ sofort los. Das brennende Benzin floß über den hinteren Rumpf zum Höhenleitwerk und verrichtete, bevor Paul einen Feuerlöscher greifen und löschen konnte, sein vernichtendes Werk am Flugzeug. Jens erlitt Verbrennungen am rechten Unterarm, die zum Glück nach zwei Wochen verheilten. Ihre Europa wurde ein Fall für die englische Versicherung. Ein deutscher Schadensermittler aus Duisburg, der von der Versicherung beauftragt worden war, kam einige Tage später nach Lübeck zur Schadensbegutachtung. Doch dazu später...

Ohne Flugzeug war an den geplanten Fliegerurlaub im Juni nicht zu denken. Ute, Tochter des verstorbenen Ex-Lufthansa Kapitäns Jens W., die sie aus dem HFC kannten, lieh ihnen ihre Jodel. Bevor sie gen Deutschlands Süden nach Aalen flogen, ließ Jens sich auf dem Spornrad Oldie einweisen. Wegen der Komplexität des Spornradflugzeuges verzichtete Paul auf den linken Sitz als Pilot. Jens flog die Strecken mit Pauls Unterstützung als Co. Auf dem Rückflug von Aalen machten sie Tankpause in Eisenach. Bevor sie zum Weiterflug aufbrechen konnten, kam eine Wetterfront auf den Platz herangezogen, die sie zum Pausieren zwang. Auch am Folgetag war an Fliegen nicht zu denken. sie nutzten die Zwangspause für einen Ausflug nach Weimar und Gotha. Erst am zweiten Tag flogen sie - im Dunst abweichend von der Direktroute - über den Harz Richtung Magdeburg und Lübeck.

Die Europa befand sich in der Zwischenzeit in Reparatur in einem luftfahrttechnischen Betrieb in Gefrath, in der Nähe von Krefeld. Die Reparatur war der Beschluss des Sachverständigen, weniger der der Eigner. Jens und Paul wollten trotz der Reparatur ein anderes Fluggerät und die Europa nach Fertigstellung verkaufen. Der schnelle französische Zweisitzer MCR 01 war eine mögliche Alternative. Im badischen Bremgarten flog Paul als Passagier Mitte August in der MCR 01, nachdem Jan ihn von Offenburg aus dorthin gefahren hatte. Jan wollte sein Studium im Wintersemester mit einem Praktikum bei Hermes Versand in Hamburg fortsetzen. Er löste seine kleine Wohnung bei Offenburg auf. In seinem vollgepackten Fiat Punto begleitete Paul ihn auf den Weg nach Hause bei Hamburg.

Schon drei Tage später hatte Paul bei einer Flugzeugmesse in Rendsburg Gelegenheit, die Katana DA 20 – mit 80 PS Rotax – kennenzulernen. Mit Vorführpilot Schwarzmeier flog er eine erweiterte Platzrunde auf der DA 20 D-EDAC. Die Leistung des 80 PS Motors konnte ihn allerdings nicht überzeugen. Wenn Jens und Paul – so stand fest – eine Katana kaufen würden, dann mit dem 912 S in 100 PS Ausführung. Die Entscheidung für eine refurbished DV 20 sollte spät im November folgen, nachdem Jens sie in Egelsbach probegeflogen hatte.

Im Dezember erhielt Paul den Anruf vom Reparaturbetrieb der Europa aus Gefrath, dass die G-BWDP zum Abholen bereit wäre. Er konnte einen Geschäftstermin in Gelsenkirchen mit dem Besuch in Gefrath koppeln. Die Europa war wahrlich – ganz in weiß – fertig repariert. Der Winter dauerte an. Erst Anfang März sollte es Jens und Paul gelingen, das Flugzeug zurück nach Lübeck zu holen. Als Paul nach dem Besuch in Gefrath nach Hause zurückkehrte, lag von Diamond die Nachricht vor: Die Katana ist von Herrn Schwarzmeier nach Lübeck geflogen worden und steht bei Aviatec zur Übergabe bereit. Kurzzeitig hatten sie so zwei Flugzeuge.

Kaum war die Weihnachtszeit vorbei, flogen Jens und Paul das neue Flugzeug ein. Dirk, der den Betrieb der Europa zu einem Drittel mit finanziert hatte, ohne Teilhaber zu sein, klinkte sich bei der Katana aus. Er wollte stundenweise bezahlen. Leider blieb es bei recht wenigen Stunden.

Die Europa stand zum Verkauf. Anfang März hatte sich W. H. aus Bonn das Flugzeug bereits in Gefrath angesehen, bevor Jens die reparierte G-BWDP nach Lübeck flog und Paul mit dem BMW von Jens den Trailer nachhause tourte. Einige Wochen später hatte sich W. für den Kauf entschieden. Er holte die Europa per Autotransport Anfang April in Lübeck ab. Vorher hatte Graham, der für Jens und Paul schon einige Jahre die jährliche Inspektion an der Europa durchgeführte und die als Voraussetzung für das englische Permit to Fly gilt, die diesjährige Inspektion geleistet. Es war von Vorteil, dass W. bei der Inspektion, Abnahme, Probefliegen und Hängerauflladung in Lübeck Graham Singleton kennen lernen konnte. Er sollte kurze Zeit später auf seine Hilfe angewiesen sein, als sich die englische Popular Flight Association (PFA) weigerte, einem deutschen Staatsbürger, der ein englisch zugelassenes Kitflugzeug in Deutschland operieren wollte, das Permit auszustellen.

Und wieder einmal England

Ein Hoch über England und Westeuropa lockt Paul und Jens zu einem Flug nach Cornwall. Ohne weitere Wetterprobleme fliegen sie über Lelystad in den Niederlanden, Oostende an der Belgischen Kanalküste dieses Mal Oostende unter sich liegen lassend nach Lydd, unmittelbar am englischen Kanal gelegen. Sie übernachten im Dorf Romney im „Red Fox", ein Pub mit einigen Zimmern. Am nächsten Morgen fragt sie die Putzfrau in dem kleinen Hotel, wo sie denn hinzufliegen gedenken. Paul meint Cornwall. Darauf sie: „Das ist doch dort, wo es immer regnet". Die beiden Flieger verstehen das als den berühmten englischen Witz. Bei dem Wetter!

Unrecht hat die Dame trotzdem nicht. Obwohl Cornwall durch den Golfstrom ein für englische Verhältnisse günstiges Klima vorweisen kann, regnet es wegen der Lage zur Irischen See häufig. Allerdings ist es in Cornwall im Mittel wärmer als in anderen Landesteilen der Insel.

Ein wunderschöner Flug an der Kanalküste über die Isle of Wight folgt. Sie landen in Exeter, dort wo Paul 1990 mit Dieter schon einmal gelandet war. In Exeter bekommen sie bei der dortigen Flugschule, wo sie die Landegebühren zahlen den Tipp, statt nach Newquai, wo sie ursprünglich in Cornwall landen wollen, nach Perranporth zu fliegen. Perranporth, ein ehemaliger Royal Airforce Platz aus dem 2. Weltkrieg, liegt atemberaubend direkt an der westlichen Steilküste. Über das Dartmoor, das größte Hochmoor Englands fliegend, erreichen sie Perranporth nach 40 Minuten mit einem herausforderndem Endanflug auf die Parallelbahn zur Steilküste.

Sie nehmen sich in Truro einen Leihwagen. Begeistert von der Schönheit der Landschaft fahren sie den Falmouth River entlang unter schattigen Bäumen, jede Straße ist eine Allee. Bei immer noch bestem Wetter fliegen sie anderntags, nachdem sie am Flugfeld von Perranporth noch ein English Breakfast bekommen, an Bristol vorbei nach Kemble. Kemble hatte Paul bislang mit eigenem Fluggerät noch nicht angeflogen. Von hier stammte die Europa G-BWDP. Kemble, der ehemalige RAF-Airport der Red Arrows, ist auch in der Woche stark beflogen. Die Platzrunden einer DC 3 sind für Paul und Jens schon sehenswert. Von Kemble nehmen sie den direkten Kurs über Cranfield nach Cambrigde. Nun ändert sich auch das Wetter. Das anziehende Tief von Schottland kommend hat es geschafft, das östliche England zu erreichen. Am nächsten Tag, an dem sie mit einem Leihwagen nach Duxford fahren und auch im Dorf übernachten, nieselt es schon. Für Paul ist der Besuch im Imperial War Museum immer wieder ein Erlebnis. Obgleich Paul

Militärflugzeuge nicht gerade liebt, sind die Exponate – die zum großen Teil flugfähig erhalten werden – immer wieder sehenswert. Das liegt mit Sicherheit an der Geschichte der Luftfahrt, die hier sehr gut zu verfolgen ist. Eine Airshow hat er einmal an einem Sommertag erleben können. Spitfire jagten eine Me 109. Aber auch die fliegenden Ju 52 . die Deutsche Lufthansa Junkers und zwei schweizerisch registrierte waren zu sehen.

Beim Abflug von Cambridge befinden Paul und Jens sich in leichtem Regen. Richtung Southend wird es heller, trotzdem sind die Sichten nicht besonders einladend. An der Kanalküste entscheiden sie sich zur Querung des Kanals nach Le Touquet. Dem Rückenwind ist es zu verdanken, dass sie in nur einer Stunde von Cambrigde nach Le Touquet gelangten. Nachdem sie am Abend in einem Segelclub vorzüglich gespeist hatten, holt die beiden auf dem Weg zum Hotel ein starker Gewitterregen ein. Richtig prickelnd ist das Flugwetter Richtung

Holland am nächsten Tag auch nicht – aber fliegbar. In Höhe von Oostende können sie tief unter sich Seenebel beobachten. An der niederländischen Grenze sinkt die Basis auf 1000 Fuß, leichter Niesel setzt ein. Nur durch die Wetterauskunft des nahen Rotterdam, dass zumindest keine Verschlechterung zu erwarten ist, setzen sie den Flug nach Lelystad fort. Wie gut, den Flugplatz schon aus großer Entfernung zu sehen und sicher zu landen.

Die genauere Kenntnis dieses Luftwiderstandes erstreckt sich nun leider auf wenige, ganz einfache Anwendungsfälle, und man kann sagen, dass nur derjenige Luftwiderstand wirklich allgemein bekannt ist, welcher entsteht, wenn ein dünne, ebene Platte senkrecht zu deren Flächenausdehnung durch die Luft bewegt wird.

Otto Lilienthal

Fliegen in Florida

Fliegen in Amerika ein Traum? Es wurde für Paul eine neue Entdeckung. Während in Europa der Winter alle Einschränkungen für den Sichtflug durch schlechte Wetterbedingungen bereithielt, konnte in Florida an fast allen Tagen im November geflogen werden. Nach dem Amerikanischen Röntgenkongreß, den Paul schon einige Jahre aus beruflichen Gründen in Chicago besuchte, flog er mit der Linie von Chicago über Detroit nach Florida, um dort gemeinsam mit Dirk in einer Flugschule in Naples die in Florida noch spät im November dort herrschenden Sichtflugbedingungen zu nutzen. In Naples hatte Dirk seine fliegerische Ausbildung begonnen. Dirk holte Paul in Fort Myers am Airport ab. Nach der Kälte in Chicago konnte er Mantel und Pullover zugunsten von Polohemd tauschen. Dirk hatte in Naples eine Wohnung von einem Ehepaar aus Norddeutschland gemietet. Jeder sollte ein Schlafzimmer zur Verfügung haben, was beiden sehr entgegen kam. Am folgenden

Tag, sonnig und warm um die 20 grad Celsius oder 70 grad Fahrenheit, flogen sie auf einer Cessna 172 jeweils einen Checkflug mit der jungen Fluglehrerin Sahra – blond und drall – nach Venice. Von dort aus übernahm Paul den Rückflug nach Naples. Was für ein Panorama bot sich ihnen entlang der Küstenlinie des Golf von Mexiko. Inseln und Lagunen – Bodden, wie wir in Norddeutschland sagen – und sagenhafte Villenbebauung: eine andere Welt

Dirk benötigte noch die amerikanische Validierung seines PPL. Paul hatte dies mit viel Aufwand (bei der Suche des Büros der Amerikanischen Flugbehörde FAA in Chicago) erledigt. Für die Validierung von Dirks PPL flogen sie mit Sahra nach Ft. Lauderdale. Da dort das Büro der FAA nicht geöffnet hatte, ging es weiter nach Miami International. Fluglehrerin Sahra hatte keine Mühe, die Cessna in den starken Verkehr der Airliner im Anflug auf Miami einzureihen und auch die schnelle Sprechweise mit den Controllern auszuüben. Dirk und Paul hätten das sicherlich nicht ohne weitere Übung gekonnt

Der Höhepunkt ihrer Unternehmung in Florida war zum Abschluß der Flug nach Key West. Zusammen mit Karl und einem weiteren Flugschüler führte der Flug zunächst über das Sumpfland, um dann der Inselkette bis zur letzten Insel Key West zu folgen. Um das Flugzeug rechtzeitig zur nächsten Buchung nach Naples zurück zu bringen, flogen sie von Key West direkt über den Golf nach Naples. Blaues Wasser und blauer Himmel hieß für Paul, weitgehend nach künstlichem Horizont zu fliegen und wenig raus zu schauen.

Der Vogel fühlt den Luftwiderstand, den seine Flügel erfahren, er überwindet diesen Luftwiderstand, und darin besteht im Wesentlichen der Kraftaufwand oder die Arbeitsleistung des fliegenden Vogels.

Otto Lilienthal

Auf einem Militärplatz bei Kopenhagen

Der Winter ist vorüber. Dieter und Paul zieht der nächste Fliegerurlaub wieder nach Skandinavien. Am Nachmittag Mitte Mai starten sie nach Auflösung des Hochnebels von Uetersen nach Flensburg, um von dort den Hüpfer nach Sonderburg zu unternehmen. Am nächsten Morgen ereilt Paul die Nachricht, dass Schwager Harry mit einer Gehirnblutung in die Uniklinik Lübeck eingeliefert worden war. Sein Zustand ist sehr kritisch. Paul fragt sich, ob er den Flug abbrechen soll. „Nein, fliegt weiter – du kannst im Moment nichts tun", heißt es von zuhause. Paul denkt, die

Entscheidung war die Richtige. Heute lebt sein Schwager mit einer Ein - Seitenlähmung den Umständen entsprechend fröhlich.

Nördlicher als Kalmar zu kommen, ist wegen der Großwetterlage im Norden nicht ratsam. Dieter und Paul entschließen sich, den Rückweg über Dänemark zu nehmen. Nachdem sie Dänemark nach Querung der Landenge bei Helsingoer und Helsingborg erreicht hatten, taucht das bekannte Motorproblem mit kurzen Motoraussetzern wieder auf. Über Funk lassen sie sich zum nächsten Flugplatz führen. Dieser Platz sollte der Militärflugplatz Vaerlöse in der Nähe von Kopenhagen sein. Die Militärs sind eigentlich schon im Aufbruch in das Himmelfahrts-Wochenende, sodass sich der bürokratische Akt, warum sie dort gelandet sind – in Grenzen hält. Ihr Forschen nach dem Problem der Motoraussetzer ergibt wie üblich kein Ergebnis. Eigentlich ist noch genug Sprit in den Tanks, Trotzdem helfen ihnen die Militärs mit 30 Liter Avgas zum Weiterflug. Dieter macht zur ihrer

Sicherheit noch eine Platzrunde, bevor sie zum Weiterflug nach Roskilde starten. Roskilde wird nicht das Ende der fliegerischen Unternehmung sein. Über Samsö wird das nächste Ziel im Nordwesten Jütlands angeflogen: Aalborg am Limfjord. Vor der Landung schauen sie aus der Luft auf die Nordspitze Jütlands, dort wo die Ostsee in die Nordsee übergeht. Viel später konnte Paul in einem gemeinsamen Urlaub mit Jan und Gesine diese Spitze erwandern. Am selben Nachmittag fliegen Dieter und Paul nach Süden bis Esbjerg zum Übernachten. Der nächste Tag ist kein Tag zum Fliegen. Wettergründe. Am Folgetag schaut es bis Mittag zunächst ebenso schlecht aus. Erst als die Wolkendecke sich auf 500 Fuß anhebt, versuchen sie den Start. Der Küstenlinie folgend und niedrig fliegend, reißt der Himmel am Hindenburgdamm in Höhe von Sylt weiter auf: Dem Weiterflug nach Hamburg steht nichts mehr entgegen. Eigentlich ein Irrtum, Hamburg anzufliegen. Es stellt sich als nicht mehr notwendig heraus, den Zoll nach Rückkehr aus

Dänemark zu bemühen. Kurz vor einsetzendem Gewitter fliegen sie zur ihrer „Homebase" nach Uetersen.

Wenn wir einen Vogel fliegen sehen, so können wir uns allemal ein Bild von seiner bei diesem Fluge zu leistenden Kraftanstrengung machen. Je langsamer die Flügelschläge erfolgen, und je geringer ihr Ausschlag ist, desto weniger Arbeit wird der Flug dem Vogel verursachen.

Otto Lilienthal

Katanas Deutschlandrunde

Sie gehen auf Deutschlandflug. Das erste Mal, dass die Katana von Lübeck aus Deutschland umrunden .Nach einem wetterbedingt schwierigen Flug bis Braunschweig führt der Weg an Göttingen vorbei Richtung Marburg und Giessen durch die Wetterau bis Egelsbach. Egelsbach deshalb, weil südlich von Göttingen der Generator ausfällt. Sie schalten alles an Bordelektrik aus, was nicht direkt gebraucht wird, Zum Glück hat das Garmin GPS eine eigene Batterie. Das hilft ihnen bei Navigieren rund um die Frankfurter Kontrollzone. Es ist Freitagnachmittag, sodass sie in Egelsbach Hilfe durch den Diamond Service erhoffen können. Wie sich herausstellt, ist der elektronische Regler der Lichtmaschine ausgefallen. Sie bekommen einen Regler in Reserve mit (die Katana hatte noch Garantie), den sie tags darauf in Lahr einbauen, weil der alte wiederum ausgefallen war. Jan hat an diesem Tag Geburtstag und Susanne erreicht mit der Bahn Offenburg. So können sie zusammen Jans 23. Geburtstag bei einem Spargelessen feiern. Der Flug führt sie weiter über den Schwarzwald an den Bodensee zur Zwischenlandung nach Friedrichshafen. Über das wunderschöne Voralpenland verläuft der Flugweg zur Übernachtung in Eggenfelden. Nach dem Anruf im Hotel Bachmayr werden sie persönlich vom alten Hotelier Bachmayr abgeholt und zum Hotel gebracht, Nordwärts fliegen sie am nächsten Tag an Regensburg vorbei über die Oberpfalz zur Zwischenlandung nach Hof. Ohne die Grenze zur Tschechei zu „touchen" (nach Eintritt der Tschechei in die EU lässt sich der Weg über die Tschechei abkürzen), biegen sie östlich über Plauen zur Übernachtung nach Dresden ab. Nach einem Stadtgang planen sie den Heimflug mit einer Zwischenlandung in Stendal zurück nach Lübeck. Im Flugbuch notiert Paul zu diesem Zeitpunkt 816 Flugstunden Motor- und Motorseglerzeit.

Arizona im November

Für Paul stand der nun fast alljährliche Besuch des Amerikanischen Röntgenkongress bevor. Die Jahreszeit ist immer die gleiche. Ende November, wenn in Chicago die Temperatur ungemütlich wird, treffen sich amerikanische Radiologen und Europäern, um die neuesten Erkenntnisse der radiologischen Diagnostik auszutauschen, Begleitet wird der Kongress von einer großen Industrieausstellung, bei der die Entwicklungen und neue Gerätschaften vorgestellt werden. Für Paul immer ein Anlass, um sich hinsichtlich der Erkenntnisse über neue diagnostische Systeme „a jour" zu halten.

Im Gegensatz zu den amerikanischen Nordstaaten wie Illinois ist das Wetter im November in Arizonas Süden sonnig und teilweise warm. Vor dem RSNA Kongress in Chicago wollten Jens und Paul – dort wo Jens in Phoenix seine fliegerische Lufthansaausbildung erlitten hatte – einen kurzen Fliegerurlaub verbringen. An der Flugschule in Avra Valley, in der Nähe zu Tucson, charterten sie eine Cessna C182. Mit Jason, einem sehr jungen Fluglehrer, flogen sie den obligatorischen Check auf der C182 N1405M. Die Cessna 182, aus derselben Baureihe stammend wie die C 172, verfügt über eine deutlich stärkere Motorisierung. Über 210 PS stark lassen sich auch an warmen Sommertagen die Höhen der Rocky Mountains leicht übersteigen. Am ersten Tag führte der Flug mit Jason von Avra Valley nach Tuscon International und zurück. Nachdem sie den Checkflug mit Jason absolviert hatten, waren beide Piloten frei für ihre Unternehmungen. Jens war durch seine Lufthansaausbildung in der Gegend um Phoenix „zuhause". Ihr erster Flug am nächsten Tage führte sie nach Gila Bend und Goodyear. In Goodyear übte der Nachwuchs der Lufthansapiloten auf Beech Bonanzas. Für Jens wurde es ein Wiedersehen mit seiner alten Ausbildungsstätte.

Sie sind seit ihrem Studium begeisterte Pfeifenraucher. Natürlich haben sie auch in Arizona ihre Rauchwerkzeuge dabei. Doch wird das Rauchen in Restaurants und an öffentlichen Plätzen in den Staaten seit einiger Zeit nicht mehr gestattet. Die Pfeifenraucher müssen sich wohl aber eher übel vor manchen Towern an

Flugplätzen verdrücken, um ihre Pfeife zu rauchen.

Ursprünglich war geplant, einen zweitägigen Flug in das Gebiet der Monuments zu unternehmen. Wegen Schnee und aufliegenden Wolken in den Hochlagen änderten sie die Flugrichtung in das Grenzgebiet von Arizona und Kalifornien nach Lake Havazu am Colorado River. Dort bestaunten sie die London Brigde über den Colorado, die einst in Teilen in London abgebaut, nach USA verschifft und in Lake Havazu wieder aufgebaut wurde. Tags darauf führte sie der Weg in die Wüste über Blythe, einem Flugplatz „in the middle of nowhere" zu der kalifornischen Stadt Palm Springs, wo sie vom FBO Million Air abgefertigt wurden. War es tagsüber in Palm Springs noch recht warm, so wurde es am Abend recht frisch. Palm Springs liegt am Rande der Wüste. Kälte am Abend und in der Nacht ist halt nicht ungewöhnlich. Nach der Rückkehr in Avra Valley war es dort auch morgens kalt geworden. Vor der Abfahrt vom Hotel in Tuscon nach Avra

Valley war Eiskratzen der Windschutzscheibe des Leihautos angesagt. Der letzte Flug dieser Flugreise sollte in die Hochlagen, auf den Flugplatz Payson gehen. Der Platz Payson liegt ausgebreitet wie ein Flugzeugträger in den Hochlagen nördlich von Phoenix. Schnee am Rande der Landebahn zeigte ihnen, dass Winter herrschte. Am folgenden Tag, einem Montag, verabschiedeten Jens und Paul sich am Airport in Phoenix. Während Jens über Los Angeles zurück nach Hause flog, ging Pauls Flug nach Chicago zum Amerikanischen Röntgenkongreß.

Knud und Fournier

Knud war ein leidenschaftlicher Pilot, der die bei ihm in der Ausbildung zum Piloten waren, begeistern konnte - nur die Frauen nicht, die seinen rauhen Ton nicht aushalten konnten. Angefangen hatte er als Segelflieger. Als Meister in der Ausbildung von Lehrlingen in einem Hamburger Unternehmen, das Laborartikel und Systeme herstellt, war er einer der Gründer der Fluggruppe, die sich Anfang der neunzehnhundertsiebziger Jahre mit dem Ziel formierte, mit einem Motorsegler auch den Segelflug auszuüben. Anfänglich war Knud der Fluglehrer für die Mitglieder, die zu großen Teilen noch Fußgänger waren und daher den zum Teil langen Weg zu Piloten gehen mussten. Neben Knud wurde Ernst dann zeitig Fluglehrer. Und beide Lehrer schafften es, aus den Fußgängern Piloten zu machen. Über Knuds Kontakte konnte der Motorsegler, eine Fournier RF5, sich den Hangar des Hanseatischen Fliegerclubs mit den Motorflugzeugen der Lufthanseaten teilen. Flüge gingen somit zunächst vom Flughafen Hamburg nach Uetersen, um dort die eigentliche Schulung der angehenden Piloten durchzuführen. Da die RF5 aufgrund ihrer für einen Motorsegler relativ geringen Spannweite von 13 Metern nur geringe Segelflugeigenschaften aufwies, wurde schon vier Jahre später die RF5 gegen eine RF5b mit 17 Meter Spannweite ausgetauscht. Nun wurden auch längere Segelflüge – vor allem bei Fliegerurlauben in den Alpen – möglich.

Knud war noch in seiner aktiven Zeit als Segelflieger auch Pilot von Motorflugzeugen. Er besaß eine Jodel – ein französisches Motorflugzeug in Holzbauweise – mit dem er Flüge in Norddeutschland unternahm. Beim Anflug auf den Flugplatz St. Michaelisdonn streikte einmal der Motor. Knud befand sich in der Platzrunde vor dem Kudensee. Ihm blieb nur die Notlandung auf dem See genannten Rieselfeld. Er und seine Frau überlebten diese Landung, die Jodel war jedoch nicht mehr zu retten.

Die Fournier Motorsegler RF5 und RF5b wurden in Lizenz auf der Dahlemer Binz bei der Firma von Alfons Pützer komplett in Holz gebaut. Die Tragflächen sind mit einem Luftfahrttextilmaterial bespannt, Pilot und Passagier sitzen hintereinander in Tandemanordnung. Der Sperber, die RF5b, misst von Flächenende zu Flächenende 17 Meter. Die Flächen lassen sich zur besseren Hangarierung auf etwa 11 Meter. einklappen Die meisten Sperber haben als Triebwerk den Limbach 2000 (ein VW Boxer Motor Derivat) mit Hoffmann-Verstellpropeller für Start, Reise und den Segelflug. In den NeunzehnhundertsiebzigerJahren wurden um die zweihundertzwanzig RF5 und Sperber gebaut, die Hälfte davon konnte exportiert werden. Heute ist der Sperber auch für Freunde des Segelflugs eher selten zu finden.

Vorn im Pilotensitz geht es eng zu. Das Instrumentenbrett ist mit Instrumenten und Hebeln gut ausgefüllt. Funkgerät, Transponder, GPS und Kreiselinstrumente sollten heutzutage für die Motorfliegerei Standard sein. Diese Avionik nimmt den meisten Platz ein. Der Sperber rollt auf einem einziehbaren Hauptrad. Damit das Flugzeug nicht kippt, sind an den Tragflächen, etwa im mittleren Bereich, Stützräder angebracht, die an flexiblen Kunstoffstangen montiert sind. Die Fahrwerksbetätigung arbeitet mit Hebel und Knopfdruckentriegelung (erst entriegeln, dann betätigen). Die Propellerverstellung geschieht über einen in Brusthöhe angebrachten Hebel, der rein mechanisch betätigt wird. Die Spornradlenkung verlangt bei Seitenwind Erfahrung und zum Teil kräftige Tritte in die Seitenruder.

Der Motor mit nominell 80 PS gibt bei Startdrehzahl von 2900-3.000 rpm etwa 70 PS ab. Der Steigflug verläuft flach, aber gut wenn das Fahrwerk eingefahren ist. Bei Steigflügen an warmen Tagen achtet der Pilot besonders auf die Öltemperatur. Reiseflüge über mehr als vier Stunden ergeben bei Geschwindigkeiten von 170 km/h Reichweiten, die den Piloten und Passagier erfreuen. Der Verbrauch an Superbenzin liegt dabei sehr ökonomisch bei ca 12 Litern pro Flugstunde. Die Flächentanks fassen 62 Liter. Der Pilot sollte allerdings in seiner Flugplanung konservativ mit 55 Liter auslegbaren Kraftstoff rechnen. Aber lassen wir den Fournier Club selbst Auskunft geben:

René Fournier, geboren 1921 in Tours an der Loire, Konstrukteur und Vater der modernen Motorsegler.
1960 baute René Fournier sein erstes Flugzeug, die RF1, in Heimarbeit. Kurz darauf (1962) folgte eine verbesserte Version, die RF2, gebaut bei Pierre Robin.

Es fing alles in den Fünfzigern an, als ein bestimmter René Fournier, eigentlich Künstler von Beruf, sich dazu entschied einen "Avion-Planeur", sprich einen Motorsegler zu konstruieren. Es zog ihn an die Coté Azur, wo er in den Räumlichkeiten einer alten Wäscherei anfing die erste RF zu bauen, zweckmäßig auch RF1 getauft. Leicht sollte sie sein und mit wenig PS auskommen. Dies sollte dazu beitragen die Kosten im Rahmen zu halten. Es sollte aber weder an Leistung noch an Spaß fehlen und so entstand eine mit einem 25 PS starken Motor angetriebene RF1. Der Flieger erwies sich als gelungene Mischung aus Segelflugzeug und Reise-Tourer. Da zu dieser Zeit auch die Französische Regierung Interesse zeigte, bekommt Fournier zusammen mit Pierre Robin den Auftrag zwei weitere Exemplare zu bauen. So entstehen die ersten beiden RF2 in der Fabrik von Robin in Dijon. Der Motorsegler wird nach wie vor vom Rectimo AR 1200 angetrieben, dem als Basis der VW Käfer Motor dient. Einige Verbesserungen fließen in die Neuentwicklung mit ein, und so hofft Fournier auf weiter Aufträge seitens der

Regierung, die aber leider ausbleiben. Ein glücklicher Zufall führt Fournier jedoch mit Comté Antoine d'Assche zusammen, der von der RF2 sehr angetan ist und so beschließen die beiden, Comte und Künstler, zusammen in Gap-Tallard eine Firma zu gründen, die Société Alpavia, um weiter RFs zu bauen. Weitere Verbesserungen führen zur RF3, die 1963 zugelassen wird und von der 89 Stück gebaut werden. Die beiden Hersteller waren sich einig, dass die RF3 noch viel Potenzial für Verbesserungen bot und so entstand kurz darauf die RF4. Leider war die Fabrik in Gap nicht in der Lage die Produktion zu übernehmen, und so schloss Fournier mit Alfons Pützer einen Vertrag, was dazu führte, dass alle weiteren RF4 in Deutschland, in einer eigens dafür geschaffenen Halle auf der Dahlemer Binz, gebaut wurden. Sie trugen denn auch fortan die Bezeichnung RF4-D (für Deutschland). In den folgenden Jahren lässt Fournier nicht nach und entwickelt weiter. Die RF5, ein Zweisitzer, auch gebaut von Pützer, (126 Stück), der später die RF5-B Sperber (99 Stück) als Deutsche Variante weiterentwickelt, ist nur eine davon. Es folgt die RF6, die später auch als T67 Slingsby und T3 Firefly (von den 260 gebaut wurden) als "primary trainer" der US Airforce dienen. Es entstehen auch die RF7 8, 9, und 10, von denen teils nur ein bis zwei Exemplare gebaut wurden. Die RF10 aber wird bis heute in Brasilien gebaut und dient der US Airforce als Nachfolgemodel der T67. Somit werden auch heute noch US Luftwaffenpiloten auf Flugzeugen geschult, deren Entwürfe aus der Feder Fourniers stammen.

René ist übrigens mit etwas über 80 Jahren noch fit wie ein Turnschuh, und da es schon immer sein Ziel war, Flugzeuge zu bauen, die Spaß machen und gleichzeitig wenig

Ressourcen verbrauchen (der Spritverbrauch einer RF3/4 liegt gerade mal bei 8 Liter Super Plus/Stunde) hat er das Ziel des "Aviation Verte" voll und ganz erreicht. Solche Verbrauchswerte stellen sogar in der heutigen Zeit noch Spitzenwerte dar. Die RF4D ist auch für Akrobatik ausgelegt und wird, damals wie heute für Kunstflugvorführen eingesetzt. Bob Grimstead, ehemaliger B747 Kapitän der BA, und sein Mitstreiter Matthew Hill findet man auf sämtlichen Flugausstellungen in Europa.

Somit scheint die Zukunft für Fourniers sicher zu sein. Da die Flieger überwiegend aus Holz bestehen und sich heute meistens im Besitz von Liebhabern befinden, lassen sie sich gut restaurieren und finden nach wie vor Käufer. So bleibt zu hoffen, dass es auch zum 100-Jährigen Jubiläum immer noch Exemplare dieses außergewöhnlichen Musters am Himmel geben wird

Erinnern an Europa

Jens hatte Wolfgang H., dem Käufer der Europa versprochen, die Einweisungsflüge fortzusetzen. Wolfgang hatte seinerseits Graham und seine Partnerin Joan zu Gast in Bonn. Graham führte die Jahresinspektion an der G-BWDP durch. Für Jens und Paul ein Grund, nach Hangelar zu fliegen. Mit einer Zwischenlandung in Diepholz kamen sie am Nachmittag in Hangelar an. Graham den Rhein bei Bonn aus der Luft zu zeigen, war Paul anschließend ein Vergnügen. Graham hatte durch den schrecklichen Flugunfall ein Augenlicht verloren. Paul ließ Graham nach dem Start an den Knüppel, die Landung machte er dann wieder selbst.

Am Sonntagmorgen wiederholte er den Flug über den Rhein für Joan. Nachdem sich Graham und Joan verabschiedet hatten, flog Jens mit Wolfgang in der Europa; Paul allein zu einem Grasplatz. Kamp-Lintfort auf der anderen Rheinseite bei Duisburg gelegen, sollte sich als sehr geeignet für die weiteren Einweisungsflüge für Jens und Wolfgang erweisen. Am Montag machte die Wetterberatung Jens und Paul wenig Hoffnung für den Rückflug nach Norddeutschland. Die Plätze nördlich der Mittelgebirge waren wegen niedriger Bewölkung und Regen geschlossen. Gegen Mittag war ein Flug zumindest bis Kassel möglich. Jens hatte am nächsten Tag Dienst. Er nahm einen Leihwagen und fuhr nach Hause. Paul blieb über Nacht in Kassel. Das Wetter hatte sich soweit gebessert, dass er Kurs auf Braunschweig nehmen konnte. Lübeck war jedoch noch nicht nach Sichtflugbedingungen anzufliegen. Nach einer Pause auf der Aussichtsterrasse in Braunschweig und einem Anruf in Lübeck, der mehr Wetterbesserung zusicherte, entschied er sich für den Weiterflug und erreichte schließlich Lübeck.

Frankreich die Zweite und Barcelona

Mehr als 20 Jahre nach dem ersten Frankreich Flug entlang der Rhone in den Süden folgt Paul Jens Wunsch, Barcelona und möglichst mehr in Spanien fliegerisch zu erkunden. Mitte Mai leuchten die Rapsfelder am Ratzeburger See bei ihrem Abflug Richtung Thüringer Wald. Hassfurt wird wieder einmal ihr Übernachtungsstopp am Main. Mogas [5] ist am Platz verfügbar, die lange Bahn eignet sich gut für „schwerere" Starts, Fahrräder für die Fahrt in den Ort hält der Flugplatz für Piloten bereit, nicht zuletzt geben günstige Übernachtungsmöglichkeiten den Ausschlag für diesen Ort.

Der Weiterflug am nächsten Vormittag führt sie über wenig bewohnte Regionen Richtung Heilbronn. Bei Pforzheim fliegen sie in das Rheintal. An Baden-Baden und Offenburg vorbei geht der Flugweg zum ehemaligen Kanadischen

---

[5] Mogas: Superbenzin für Viertaktmotoren

Militärflugplatz Lahr. Jan holt sie in seinem Fiat Punto in Lahr ab. Leider werden sie dieses Jahr seinen 24. Geburtstag nicht feiern, doch trotzdem einen Abend zusammen sein können. Am 19. Mai - Jans Geburtstag - befinden sich die Flieger just in Barcelona, Jan fährt über Pfingsten an seinem Geburtstag zu einem Jazz Festival am Niederrhein bei heftigem Regen – Susanne und Inga befinden sich Venedig.

Und wieder einmal in Frankreich. Die Rhone entlang lässt sie der Controller an Lyon vorbei im Tiefflug westlich des Flusses über die Stadt fliegen. Atemberaubend. Valence ist für eine technische Landung (Tanken, Toilettengang) gut. Am späteren Nachmittag erreichen Jens und Paul Montpellier. Statt in einem Hotel im Zentrum dieser alten südfranzösischen Stadt übernachten zu können, müssen sie auf ein Hotel einer Billigkette in einem Gewerbebiet ausweichen. Wer hatte es ahnen können? Ein Ärztekongreß in der Stadt hat alle relevanten Betten ausgebucht

Montpellier entlässt sie am Morgen mit einigen tiefen Wolken in Abflug. Entlang der Küste fliegen sie bis an die Pyrenäen. Hier wollen sie das Gewitter abwarten, was von Spanien kommend, einen Direktflug nach Sabadell unmöglich machen sollte. Der Wind hat dermaßen aufgefrischt, dass sie das Flugzeug an Betonklötzen festzurren. Es gibt für diesen Wind an den Pyrenäen einen besonderen Namen – Tramontane. Den Nachmittag nutzen sie für einen Ausflug mit Leihauto in die Höhen des Gebirges. Zurück in Perpignan bekommen sie auch das gewünschte Hotel in der Stadt.

Der Wind bläst immer noch sehr stark. Beim Start jedoch kommt er zum Glück direkt auf die Flugzeugnase. Es ist ein Teil der ersten Strecke der Postflieger den sie fliegen; Toulouse nach Barcelona. Die Postflieger, darunter Mermoz und Antoine de Saint Exupery nahmen dann den Weg entlang der Küste nach Malaga, von dort den Sprung an Gibralta vorbei nach Tanger. Tanger – Casablanca und Cap Jubi – Dakar waren die nächsten Stationen, bevor die Technik und Infrastruktur es für Latecoeres Postflugunternehmen möglich machte, mit Postflugzeugen über den Südatlantik zu fliegen. Die Piloten fliegen über das Wasser des Mittelmeers am Gebirge vorbei, das sich als äußerst turbulent zeigt. Die Instrumente der Katana tanzen auf und ab. Die Grundgeschwindigkeit steigt auf bis 160 Knoten. Das Wetter beruhigt sich, je mehr sie sich von den Pyrenäen entfernen. Sabadell bei Barcelona liegt im ruhigen Sonnenschein. Die Welt erscheint wie ausgewechselt – eben noch tiefhängende Wolken in Frankreich, nun fast wolkenloser Himmel und Sonnen bei Barcelona. Die Flugzeit von Perpignan bis Sabadell hat dabei kaum eine Stunde überschritten.

Jens zeigt Paul sein geliebtes Barcelona, das er als Kapitän auf Lufthansa Boeings B737 häufig von Hamburg für einen Übernachtungstop angeflogen hatte. Von Sabadell gibt es eine schnelle Direktverbindung per Bahn in die City von Barcelona. Ein Gang über die Rambla ist für beide fast selbstverständlich, bevor sie das alte Olympiagelände der Olympiade von 1992 aufsuchen. Am Abend auf Sabadells Rambla lernt Paul die Tapas kennen. Sie gibt es in vielen Variationen und schmecken köstlich. Im Übrigen: hier im Vorort zu Barcelona tobt an diesem Pfingstsonntag das Leben. Bei schönstem Sonnenschein verlassen die Piloten der Katana am nächsten Morgen Spanien. Diesmal folgen sie der Autobahn nach Frankreich über das Gebirge. Nach einer technischen Pause auf dem Flugplatz von Beziers, die gar nicht so leicht fällt, weil irgendwer wegen einer Mittagspause den Zugang zu den Toiletten im Abfertigungsbereich geschlossen hat, fliegen sie direkt Richtung Valence. Dort erwartet Paul und Jens die nächsten Überraschung: Der Tower sendet ihnen automatisch vom Band den Spruch: Weil der Tower am Feiertag nicht besetzt ist (es ist Pfingstmontag), müssen Piloten die französischen Funksprüche verwenden. Ergo: Wer das nicht kann, muss weiterfliegen. Das nun können und wollen sie nicht. Schon weil sie tanken müssen, ist die Landung unausweichlich. Ein Reinhören in die Funkfrequenz veranlasst sie die notwendigen Phrasen in wenigen französischen Worten zu sagen: « Nous somme Katana D-ELPP pour arriviere dans Valance. Vent arrière, Base piste zero deux, final zero deux ». Der Flugplatz ist fast ausgestorben. Wie sie tanken können, kann ihnen erst ein Pilot einer Piper mitteilen, der nach ihnen landet. Nur über den dort ansässigen Flugclub gelangen sie an den Sprit, der sie weiterbringen soll.

Vor Erreichen von Dole im Burgund in schöner Abendstimmung rufen sie den Platz auf Englisch an. Geantwortet wird ihnen auf Deutsch. Ein Fluglehrer, der Dienst hat, spricht sie zur Landung auf Deutsch herein. Anschließend dürfen Jens und Paul bei Champagner den ersten Freiflug einer Flugschülerin mitfeiern, bekommen für die Katana einen Hallenplatz ...und werden von einem französischen Fliegerkameraden im Auto zum Hotel in der Stadt gebracht. Wenn das keine Freundschaft zwischen deutschen und französischen Fliegern ist...?

Nächster Stopp soll in Freiburg sein. Ganz ohne Hektik zurück nach Norddeutschland. Wegen des schlechten Wetters im Norden könnte es ohnehin schwierig werden. Bis Hassfurt reicht es am ersten Tag. Von Hassfurt aus fliegen sie am folgenden Tag zwar über den Thüringer Wald, dann aber mehr östlich statt nördlich. Halle ist das nächste Ziel. Hier war die Katana für eine kurze Zeit - im Eigentum eines Vorbesitzers - zuhause.

Ein kurzer Sprung im Dunst am nächsten Morgen nach Schönhagen. Die Zeit hat Paul erst gar nicht notiert. Am Abend reicht dann das Streckenwetter für den Heimflug nach Lübeck.

Die geringe Kenntnis des Gesetzes des Luftwiderstandes war schuld, dass sich für die Arbeit, welche die Vögel beim Fliegen leisten müssen, eine Meinung herausgebildet hat, wonach die Vögel wahre Ungeheuer von Muskelkraft sein sollten. Man mass nicht die Geschwindigkeit, mit welcher die Vögel ihre Flügel wirklich bewegen, sondern maß die Größe der Flügelflächen, und berechnete wie schnell sie dieselben bewegen müssen, um einen genügend großen Luftwiderstand zu erzeugen.

Otto Lilienthal

Mainz lacht

Zum Röntgenkongress in Wiesbaden fährt er nicht wie üblich mit der Bahn. Die Wetterauskunft sagt, dass die Tage um Himmelfahrt über ganz Deutschland nach Sichtflugbedingungen fliegbar sein sollen.

Er plant einen Flug am Himmelfahrtstag von Lübeck nach Mainz-Finthen. Die Route führt ihn an Hannover vorbei über das Wesergebirge an den Taunus. Ein wunderbarer Tag für Sichtflugbedingungen. Doch das gute Wetter am

Feiertag hatte auch andere Piloten an den Himmel gebracht. Auf der Infofrequenz „Bremen Information" herrschte Chaos. Er war nicht in der Lage, Bremen Information für einen Durchflug der Kontrollzone um Hannover zu rufen und musste daher den Luftraum weiträumig umfliegen. In Mainz -Finthen angekommen, holte ihn Jan recht müde ab. Sein Sohn - der in Frankfurt sein zweites Praktikum bei der Dresdner Bank Kleinwort absolvierte – hatte mit seiner noch jungen Bekanntschaft die Nacht auf einer Parkbank am Main verbracht. Gesine ist heute seine Frau und Mutter seines Sohnes Jonas.

Am nächsten Morgen auf dem Röntgenkongress in Wiesbaden. Noch tagen die Radiologen Deutschlands in Wiesbaden. Einige Jahre später wechselt der Kongress erst nach Berlin, dann nach Hamburg. Die Wetterlage spricht von Gewittern, die am späteren Nachmittag im nördlichen Deutschland auftreten sollen. Für ihn ein Zeichen, seine ursprüngliche Planung für den

Rückweg zu revidieren und den Rückflug früher anzutreten. Er verlässt Mainz im Sonnenschein auf ähnlicher Route wie auf dem Hinflug bis Hildesheim. Dort fragt er über Funk nach einem Durchflug des Luftraums über Hannover. Der wird ihm gestattet. In 5000 Fuß führt der Weg „midfield" über den Airport Hannover Langenhagen. Kurz nachdem er die Kontrollzone verlassen hat, gab ihm Bremen Information die Freigabe über alle militärischen Beschränkungsgebiete von Munster auf den Direktkurs nach Lübeck. Gewitter? Nein, aber es ist wichtig zu wissen, dass es sie geben könnte.

England II

Groningen und Oostende liegen auf der Strecke nach Groß Britannien. Das Flugwetter verspricht jedoch nicht in einem Tag die Insel zu erreichen. Einen Tag Pause wegen des noch abziehenden Tiefs über England legen sie im Belgischen Oostende ein. Ein Airport, der eigentlich nicht zum Verweilen einlädt, jedoch günstig liegt. Mit einem Leihauto fahren sie nach Gent. Eine tolle alte Stadt. Anderntags wird es wettermäßig gehen mit der Querung des „English Channels". Nicht lang nach dem Verlassen der Küsten bei Calais sind sie zu sehen: die Kreidefelsen bei Dover. Sie entscheiden sich für die erste Landung in Southend an der Mündung der Themse. Von Southend ist es ein kurzer Sprung nach Cambrigde. Dort machen sie Station.

In der Nähe zu sein ohne das Flugmuseum in Duxford besucht zu haben, geht gar nicht. Von Cambridge nach Duxford sind es nur sieben Minuten des Wegs in der Luft. Nach dem Besuch des Museums umrunden sie London westlich großräumig bis Biggin Hill. Weil Sonntag ist und gute Sichtflugbedingungen, herrscht eine Menge Verkehr in der Luft um London. Ständig werden sie von Radar über Funk aufgefordert, irgendwelchen Flugplätzen und Zonen auszuweichen. Allein die Funkarbeit, die natürlich J. als Profi übernimmt, beschäftigt einen Mann.

Schon nähert sich das nächste Tief von Schottland kommend. Den Weg abschneiden vom Kontinent lassen sie sich nicht und flüchten zurück Richtung Frankreich. Der Zwischenstopp in Oostende läßt sich nicht vermeiden. Doch dann bekommen sie von „Dutch Mil" einen Flug genehmigt, der an der Küste entlang führt in Richtung Texel: in 1000 Fuß sozusagen als „Leckerli". Nach dem Überfliegen von Midden Zeeland sehen sie die riesigen Hafenanlagen von Rotterdam, passieren Den Hag und staunen über eine riesige Dünenlandschaft, die sich an der Küste bis in Höhe von Harlem, querab zu Amsterdam zieht. Vor Texel tauchen sie unter eine niedrig verlaufende Wolkendecke und landen auf einer der Grasbahnen.

Am Morgen hat das Tief aus England die holländische Küste erreicht. Es nieselt leicht im Abflug. Über Holland bessert sich die Sicht nur marginal. Ab der Deutschen Grenze in Richtung Osnabrück verbessern sich die Bedingungen optimal. Im Sonnenschein landen sie in

Osnabrück-Atterheide. Was sollen sie dann tun? Noch ist der Urlaub nicht zu Ende. J. will seine Tochter besuchen, die in Eberswalde-Finow studiert. Also einmal von Deutschland West an der niederländischen Grenze nach Deutschlands Ostgrenze zu Polen.

Wieso Diesel?

„Die Endziffer kann nicht stimmen", meint die Flugleiterin am Flugplatz. „Haben Sie etwa Diesel getankt?"

Wieso Diesel – haben Sie denn Diesel an der Tankstelle?" „Rechts ist Diesel", sagt sie. Nein, das kann nicht sein, aber ist die Realität.

Es ist spät im August als Paul die Katana Richtung nordfriesische Inselwelt lenkt. Das Hoch ist zwar wetterwirksam, doch ist die Schrägsicht deutlich vermindert. In Höhe des Nordostseekanals schränkt sich der Blick nach vorn weiter ein. Nein, nun am Vormittag weiter nach Föhr zu fliegen macht keinen Sinn. Heide-

Büsum bietet sich an. Der Platz ist nicht zu sehen. Die Orientierung zum Büsumer Hochhaus fehlt völlig. Paul merkt erst am Eidersperrwerk, dass er zu weit geflogen ist. Nun ist das GPS gefragt. Mit dessen Hilfe ist der Platz natürlich zu finden.

Nach der Landung nimmt er ein Fahrrad und radelt in den Ort und weiter in den Hafen. Er kauft sich ein paar hundert Gramm Krabben, fährt weiter in den Industriehafen und betätigt sich als Krabbenpuler. Hierher verirren sich keine Touristen, die ihm bei der ungewöhnlichen Nahrungsaufnahme zusehen könnten. Zurück durch die Felder führt ihn der Weg zum Flugplatz. Die Sicht hat sich nicht mehr gebessert. Aus Föhr wird also heute nichts. Da der Tag aber noch lange nicht zu Ende ist, beschließt Paul von der Nordsee an die Ostsee zu fliegen und erst in Höhe von Lübeck den Weg nach Uetersen zu nehmen. Um sicher zu sein dass er genug Sprit im Tank hat, will er auftanken. Die Tankstelle in der Garage ist ihm vertraut. Er nimmt den Zapfhahn mit dem schwarzen Schlauch, ein anderer Schlauch war nicht zu sehen und tankt 35 Liter auf. Um es vorweg zu sagen: Mogas befindet sich im Tank links daneben, der Schlauch ist allerdings erst nach Öffnen der Abdeckung zu sehen. Bei der Bezahlung der Rechnung fällt der Flugleiterin die Unstimmigkeit der Endziffer der Tankuhr auf. Was für ein Glück im Unglück: nicht auszudenken, wenn er mit der Mogas-Dieselmischung gestartet wäre.

Ein Anruf bei der Luftwerft ergibt, dass es heute nichts wird mit dem Abpumpen und Reinigen der Benzinleitungen und der Vergaser des Rotax, der im Übrigen erst 60 Flugstunden nach der Überholung hinter sich hat. Die Flugleiterin weiß Abhilfe: In der Nähe gibt es eine Automobilwerkstatt, deren Eigentümer auch Pilot ist. Zwei Meister kommen eine halbe Stunde später. Dabei haben sie Werkzeug, Schläuche und zwei 60 Liter fassende leere Farbtonnen. Wie beim Benzinklau wird das Diesel-

Benzingemisch angesaugt und aus dem Tank und dem nun offenen Drainventil in die Behälter abgelassen. Die Behälter füllen sich innerhalb von 20 Minuten. Nun geht es an den Rest: die Vergaser werden unten geöffnet. Die Gemischreste fließen über das Auffangblech ab. Die Benzinleitungen müssen ebenfalls frei sein. Dazu werden die Benzinzuführungen der Vergaser abgeschraubt; mithilfe der elektrischen Benzinpumpe fließt die letzte falsche Flüssigkeit ab. Nun sollte alles entfernt sein. Zwei Motorseglerpiloten von der Alb, die mit ihrem Rotaxfalken auf Reisen sind, trösten Paul mit dem Hinweis: „ Das ist in unserem Flugclub auch schon passiert – Diesel statt Superbenzin".

Paul ruft nochmals S. von der Luftwerft an. „Wenn nun alles entfernt ist, kannst Du Superbenzin volltanken, 20 Minuten Standlauf machen und ... falls der Motor rund läuft starten. Fliege Achten über dem Platz, wenn die Anzeigen im grünen Bereich sind, fliege nachhause". Paul macht den Standlauf, der

Motor arbeitet wie immer. Er nimmt nochmals die Motorhaube ab und prüft die Benzinanschlüsse auf Dichtigkeit. Alles o.k. Er startet, fliegt über dem Platz. Es scheint alles so zu sein wie immer. Endlich nimmt er Kurs auf seinen Heimatflugplatz. Die Sichten haben sich gegenüber dem Vormittag weiter verschlechtert, doch das ist nun egal. Er landet nach einer halben Stunde auf seinem Heimatplatz.

Die etwas über eine Flugstunde des Tages war verdammt teuer. Erst der Preis des Diesels, dann der Preis der Arbeit der fachkundigen Helfer und der Preis der Entsorgung des nicht mehr zu verwendenden Gemisches sowie die Kosten für das vollständige Austanken mit Autosuper. Aber was ist das im Vergleich zu einem möglichen Motortod oder gar eines Absturzes durch Motoraustall im Startvorgang?

Sperbers Tage auf EKEL

Das Flugwetter ist traumhaft an diesen ersten Augusttagen - der Sperber bereit für einen Ausflug nach Dänemark auf eine der Inseln. Paul startet zunächst nach Wyk auf Föhr. Im Terrassencafe am Flugplatz sitzt er in der Sonne – die Urlauber neben ihm schauen den landenden und startenden Fliegern zu und träumen davon, über die Inselwelt zu entfliegen. Paul entscheidet sich im „kleinen Grenzverkehr", das heißt ohne Flugplan nach Anruf des Flugleiters nach Tondern zu starten. Von dort aus kann er den Flug über Dänemark fortsetzen, ohne sich um weitere Flugplanformalitäten zu kümmern. Nach dem Auftanken auf dem Flugplatz von Tondern fragt er den Flugleiter, ob dieser in Endelave anrufen und um eine Übernachtungsmöglichkeit fragen kann. Der Flugleiter erfüllt ihm die Bitte. Eine Übernachtungsmöglichkeit auf der kleinen Insel Endelave im Kattegat steht bereit. Der Sperber fliegt über den Süden Jütlands im Sonnenschein und wenigen Wolken. Nach einer halben Stunde erreicht Paul die Küstenlinie der Ostsee. Endelave hat zwei Landefelder als Flugplätze. Einer davon ist rein privat und nur in Notfällen zu nutzen. Der andere lädt Piloten zum Kommen ein. EKEL, so die Kennung des Platzes, gehört Jens Toft, einem begeisterten Piloten von Oldtimerflugzeugen. Er lebt und arbeitet als Landmaschinenhändler bei Stauning an der Nordseeküste Jütlands. Auf Endelave besitzt er einen Bauernhof mit Flugplatz. Der Flugplatz verzichtet auf eine Flugleitung, wie häufig an Flugplätzen in Dänemark. Piloten, die auf Jens Landewiese landen wollen, melden sich per Funk auf einer veröffentlichten Frequenz an, nur um die anderen Fliegern in Kenntnis zu setzen, dass man landen will.

Jens Toft schreibt auf seiner Homepage dazu:

Flugplatz Endelave Auf kleiner Insel
Dänemark ICAO: EKEL

55 45 N, 10 15 E - RWY 11/29 Gras - 650 * 25 Meter. Elevation 16 ft. Tlf: 45 7568 9062   toftair@mail.dk

Der Flugplatz befindet sich 2 Kilometer westlich des Dorfes. Im Dorf findet man Hafen, Kirche, Schule, Postamt, Museum, Heilkräutergarten und einem kleinen Supermarkt. Campingplatz und Cafe 7568 9043. Gaststätte Tel 7568 9021. info@endelave-kro.dk Turistbüro info@endelave-laegeurtehaven.dk Tlf.75689695. Arzt Tel. 7568 9023. Polizei: Tel. 7568 9095. Tierarzt gibt's auch.

Beim Einfliegen in die Platzrunde hören Sie bitte die Frequenz 129,8 ab (Luft- zu Luftfrequenz in Dänemark). Die Insel liegt in einem Vogelschutzgebiet. Deshalb unterschreiten Sie bitte, so weit möglich, nicht die Flughöhe von 1000 ft. Und nicht Dorf und Sommerhausgebiet überfliegen. Ein Windsack befindet sich an der Südseite der Landbahn bei dem Hof.

Beim Anflug in Landerichtung 29 setzen Sie bitte nicht zu früh auf und fliegen Sie mit ausreichender Höhe an, denn zwischen der landwirtschaftlich genutzten Fläche des Nachbars und der Landebahn befindet sich eine Strasse und ein kleine Graben. Außerdem regt sich der Nachbar auf, wenn sein empfindliches Getreide berührt wird. Der Parkbereich um die Scheune ist für Oldtimer reserviert. Preflightcheck bitte auf dem Parkplatz und nicht am Ende der Landebahn. Beachte: Kein Tower, kein Funk, kein Flugleiter, kein Flugbenzin, kein Zoll und kein Krankenhaus. Lassen Sie deshalb entsprechende Vorsicht walten. Und bitte kein low pass. Kein PPR.

Für unsere fliegende Gäste ist Zelten unter der Fläche oder im Nusswald in geringem Umfang gestattet. Im Stall ist eine kleine Toilette mit Dusche. (Nur warmes Wasser wenn wir auf den Hof sind). Eine kleine Küche ist auch da. Trinkwasser ist erhältlich vom Hahn am der westlichen Mauer des Hofes. Feuerlöscher sind im Fenster neben dem Haupteingang des Bauernhauses. In dem Stall stehen 50 rote Fahrräder mit gelben Felgen, die ausgeliehen werden dürfen. Bitte setzen Sie Fahrräder für Service in die Scheune rechts. Der Flugplatz besitzt ein kleines Häuschen mit Herz für spezielle Bedürfnisse (auch Lokus genannt) im

Obstgarten in der Nähe vom Parkplatz.

Bitte laufen Sie nicht auf der Landebahn zum Strand. Benutzen Sie den Pfad westlich des Bauernhofes. Der beste Badestrand am Westende der Insel ist 300 m in Richtung Süden. Auf der Sandbank 3 Km nordwestlich des Flugplatzes rasten Seehunde (minimale Flughöhe 1000 ft). Seeforelle werden rund um die Insel gefangen. Wir erwarten ein Landegebühr, 50 Kronen oder 8 Euro. Dazu auch eine Spende zur Bereithaltung der Fahrräder und für eventuell Zelten, Minimum 5 Euro Person/Nacht. Beitrag in einer angemessenen Höhe sollte in einem Plastikumschlag in den großen, roten Geldbehälter an der Scheunenwand eingeworfen werden. Bitte schreiben Sie Ihr Flugzeugkennzeichen und das Datum auf den Umschlag - Vielen Dank! Wenn der Hof nicht besetzt ist, halten Sie bitte Ordnung am Platz. Danke

Paul überfliegt die Insel und schaut sich zunächst den Flugplatz an. Da Ostwind herrscht, teilt er

den Anflug über dem Wasser der Ostsee ein. Die Landung gelingt. Der Sperber rollt aus. Paul parkt das Flugzeug auf einem geeigneten Abstellplatz, nimmt sein Übernachtungsgepäck und die Flugunterlagen aus dem Flieger, verzurrt das Flugzeug für die Nacht, bezahlt die Landegebühr, indem er 50 Kronen in einen Kasten an der Scheune legt und nimmt sich eines der roten Fahrräder aus der Scheune. Jens Toft hat es so eingerichtet, dass eine Menge roter Fahrräder für seine Besucher bereitgehalten werden.

Paul radelt zum Dorfkrug, wo ein Zimmer für ihn bereitsteht. Um sich zu bewegen, radelt er über die Insel. Am Abend gesellt er sich zu den anderen Gästen im Dorfkrug, bestellt das Abendessen – natürlich die geliebte Scholle auf Speck und kommt mit einem Paar aus Hannover, das die Insel ebenfalls per Flugzeug besucht, ins Gespräch. Am Morgen danach, bricht er nach dem Frühstück auf zum Flugplatz. Die Sonne scheint, wie am Vortag von den

Flugmeteorologen vorhergesagt. Paul bereitet das Flugzeug für den Abflug vor. Den Start macht er dieses Mal entgegengesetzt Richtung Wasser, da kein Wind herrscht. In Richtung See starten hat den Vorteil, dass er die etwas abschüssige Startbahn für den Startlauf nutzen kann. Er befindet sich noch im Steigflug, als er eine Nebelbank vor sich sieht. Dieser weicht er großräumig aus, fliegt tief Richtung Festland weiter. Die Kursänderung hat jedoch Folgen. Er verliert die Kurslinie und weiß im Moment nicht, wo er sich befindet. Er besinnt sich auf das, was er in seiner Ausbildung gelernt hat: „Fly the airplane", fliege das Flugzeug, erst dann kümmere dich um den Kurs. Das hilft. Panik darf nicht aufkommen. Nun hilft ihm das GPS. Er hat es einige Jahre zuvor beim einem USA - Urlaub, den er mit seiner Familie in den Rocky Mountains verbrachte, gekauft. Das GPS, ein Garmin 55 AVD, verfügt zwar noch nicht über ein Moving Map, zeigt aber den Kurs, die Fluggeschwindigkeit und die Zeit, bis zur nächsten Landung. Paul will nach Sonderburg, um dort noch einmal zu tanken und den Flugplan nach Uetersen aufzugeben. Der Seenebel hat sich verzogen, Paul fliegt eine weitere halbe Stunde und landet auf dem Flugplatz von Sonderburg, wunderschön an einem Sund der Ostsee gelegen. Es ist noch Vormittag. Er nimmt ein Taxi in die Stadt und genießt den Anblick auf den Seglerhafen und den Spaziergang durch die „Ströget", die Fußgängerstasse, wie sie im dänischen heißt. Es ist früher Nachmittag, als er über die Flensburger Förde und die Schlei nach Uetersen zurückkehrt.

Immerhin ist festgestellt, dass unter gewissen Umständen ein lange dauerndes Fliegen ohne wesentliche Fliegearbeit möglich sein muss, und dass für viele Flüge in der Luft mit Hilfe von geeigneten Flügeln bewirkt werden kann, zu welchem nur eine äußerst geringe motorische Leistung nötig ist, sogar nur ein Kraftaufwand, welcher scheinbar noch geringer ist, als der zum Gehen auf der Erde erforderliche.

Otto Lilienthal

Katanas Geburtsstätte: Wienerneustadt

Warum fliegen wir von Niederöblarn über Wels nach Wiener-Neustadt? Eigentlich nicht der gerade Kurs. Nun, der Grund ist darin zu finden: Wir holen in Wels einen Teil unseres Gepäcks ab, das wir am Vortag per Auto nach Wels gebracht hatten. Wir haben für den Start auf der relativ kurzen Bahn in Niederöblarn bei hohen Temperaturen schon am Morgen unser Gewicht verringern wollen. Dieses Prozedere ist umständlich, aber wichtig.

Niederöblarn in der Steiermark, unweit des Dachsteingebirges, ist als nationale österreichische Segelflugschule unter Segelfliegern ein Begriff, und die Segelflugstätte in der Jens viele Jahre im Sommer segelfliegend mit einer LS 4 seiner Haltergemeinschaft verbracht hatte. Hierhin führt uns der Kurs Anfang Mai von Lübeck und Hassfurt mit einem Übernachtungsstopp in Eggenfelden. Weil der nächste Tag einen Direktflug wegen Wetter in die Alpen nicht zulässt, erkunden wir das bayrische Voralpenland mit einer Landung in Straubing, natürlich nicht ohne uns vorher die Dreiflüssestadt Passau von Oben angesehen zu haben. In die Donau fließen hier Inn und Ilz. Passau hat nach der Schneeschmelze allzu häufig mit Überschwemmungen zu tun. Nun im Mai ist der Spuk vorüber. Am nächsten Tag sind die Alpen dann frei. Wir steigen auf Höhe. 7000 bis 8000 Fuß eignen sich gut über die Höhen des Salzkammerguts nach Niederöblarn zu gelangen. Der Tag ist lang im Mai. Am Nachmittag fliegen wir die Salzach bis zum Grimmelpass und passieren auf dem Rückweg nach Niederöblarn den Flugplatz von Zell am See, den wir beide gut kennen. Am übernächsten Morgen, die Temperatur ist zum Glück weit unter den vorhergesagten 30 grad Lufttemperatur, verlassen wir Niederöblarn mit Kurs auf Wels in Niederösterreich, wo wir unser abgestelltes Gepäck aufnehmen. Entlang der Donau führt uns der Kurs auf den Großraum Wien. Südlich der

Stadt landen wir auf dem Flugplatz Wiener Neustadt. Wiener Neustadt ist der Ort, wo die Katana gebaut wurde. Dort wollen wir uns die Fabrikation der Diamond Flugzeuge anschauen. Zu diesem Zeitpunkt ist die Herstellung der viersitzigen DA 40 mit Lycoming Motor oder mit Thielert Diesel-Motor sowie der zweimotorigen DA 42 in vollem Gange. Herr Schwarzmeier, der uns als Deutschlandrepräsentant von Diamond die Katana verkauft hat, führt uns durch die Produktion der Flugzeuge in Compositbauweise. Als Dankeschön für den damaligen Kauf eines Diamond Flugzeuges dürfen wir in einer DA 40 mit Dieselmotor Platz nehmen. Der kurze Flug über der Wiener Neustadt demonstriert uns die Fähigkeit eines dieselgetriebenen Turboladers, der konstante Steigraten ermöglicht. Im langsamen Kurvenflug zeigt uns der Demopilot, dass die DA 40 aufgrund ihrer Flächenauslegung nicht zum Abkippen neigt.

Tags darauf überqueren wir den Neusiedler See mit Kurs auf den Balaton. In Keszthely, nahe des

Flugplatzes Sarmelak am Balaton, bleiben wir für eine Nacht. Das Hotel, in dem wir absteigen, ist vor allem für ältere Touristen aus dem Westen ein Hit, gibt es doch reichlich und fett zu essen. Das wäre auf die Dauer nichts für uns. Am Folgetag gleitet die Katana am Ufer des Balaton entlang Richtung Budapest. Über Funk müssen wir hören, dass Rettungshubschrauber zuhauf in der Luft sind, weil am südlichen Ufer des Balatons ein schrecklicher Unfall eines Deutschen Reisebusses passiert ist. Auf dem alten Militärplatz Tökül, unweit der Hauptstadt landen wir. Ein Mitarbeiter der Flugleitung weist uns einen freien Hallenplatz im riesigen Ex-Militärhangar zu und fährt uns freundlicherweise in die Stadt zum nächsten Straßenbahnanschluss. Es ist der 8. Mai und hat 30 ° Celsius in der ungarischen Hauptstadt. Einen Tag genießen wir die ungarische Hauptstadt mit ihrem Charme der K & K Monarchie. Ein langer Spaziergang aus der City führt zur Fischerbastei - ungarisch Halászbástya -

auf der gegenüberliegenden Seite der Donau im Stadtteil Pest.

Von der Hauptstadt bis zur Landesgrenze in der Nähe zu Wien ist nicht besonders weit. Direkt an der Grenze gelegen, hat ein Österreicher namens Meindl kurz nach der Öffnung des Ostblocks einen privaten Flugplatz geschaffen, der sich gut für die Grenzabfertigungen der Piloten eignet. Unser zunächst geplanter Rückweg nordwärts über Prag ist soweit nicht möglich: dort stehen schon am Vormittag heftige Gewitter. Aber auch der Weg nach Westen über Linz nach Niederbayern wird mit Gewittern gepflastert sein. Das erfahren wir spätestens nachdem wir von Wels aus etwa 10 Minuten vor Eggenfelden im dortigen Funk hören: hier stehen die Gewitter am Platz. Auch um die Alternative, der Flugplatz Vilshofen, hat sich alles verfinstert. Schon deshalb ist die 180 Grad Wende zurück nach Wels die einzig richtige Entscheidung. Kurz nachdem die Katana Platz im Hangar findet, ist das Gewitter mit Starkregen eingetroffen Am übernächsten Tag erst reicht das Wetter zum Weiterflug. Der Weg führt aber nicht wieder nach Eggenfelden, sondern in das württembergische Aalen. Hier hatte Jens aus seiner Segelfliegerzeit alte Bekannte und hatte zusammen mit Dieter mit dem Motorsegler PIK 20 E dort einmal Fliegerurlaub gemacht, der allerdings wetterbedingt weitgehend am Boden stattfand.

Nach Übernachtung treten wir an einem Sonntag den Rückweg über Hassfurt und Eisenach nach Lübeck an.

Das kalte Weiß

Paul brachte Inga auf dem Weg mit dem Flieger zurück nach Berlin. Obwohl ihr das Fliegen seit Kindheitstagen nicht den großen Spaß macht, genoss sie den Anflug Richtung Berlin nach Potsdam vorbei zum Flugplatz Schönhagen, der im Süden Berlins gelegen ist. Am nächsten Morgen wartete Paul in Schönhagen auf Wetterbesserung im Norden. Als er gegen Mittag endlich starten konnte, waren die Flugsichten deutlich besser geworden. Er war bereits an Schwerin-Parchim vorbei, als sich die Sicht drastisch verschlechterte. Da er den Tower von Lübeck schon im Funk hatte, konnte er hören, dass dort die Sicht auf einen Kilometer bei 800 Fuß Bewölkung einen Weiterflug nicht möglich machte. Er drehte um nach Parchim. Die Hilfe durch das GPS ist enorm. Paul musste sich allein um das Fliegen in niedriger Höhe kümmern, den Weg zum rettenden Flugplatz zeigte das GPS. Als er den Motor abgestellt hatte, kam die Kaltfront und veränderte den Flugplatz schlagartig in ein kaltes Weiß. Fliege das Flugzeug, dann kümmere dich um den Kurs. Mit dem GPS ist der Kurs kein Problem. Eine alte Regel befolgt zu haben, hilft immer wieder vor einem drohenden Flugunfall. Paul wartete einige Zeit in Parchim – rief erneut den Flugmeteorologen wegen der Wettersituation zwischen Schwerin und Lübeck an, telefonierte auch noch einmal mit dem Tower in Lübeck... und konnte endlich zum nicht mehr als halbstündigen Rückweg nach Lübeck starten.

„Würden Sie auch im Krankenhaus übernachten?"

Ein zweigeteilter Fliegerurlaub in Skandinavien in 2005. Zunächst besuchen sie die Insel Laeso im Norden des Kattegats – ein Besuch, der schon lange auf der Agenda stand.

Die Querung der Ostsee Richtung Göteborg ist ihnen wegen des Tiefs über Schweden versagt. Nach dem Überflug von Jütlands Spitze, dort wo Ostsee und Nordsee ineinander fließen, fliegen sie über Stauning zurück nach Lübeck, um auf besseres Skandinavien Wetter zu hoffen.

Ein neuer Anlauf. Über Malmö und Jönkoping folgen sie am Vätternsee entlang dem Ziel Stockholm Bromma. Es scheint kein Hotel in Stockholm zu geben, was ihnen ein Zimmer gewährt. Durch die Abitur - Feiern, so heißt es, sind die Eltern und Verwandten der Schüler in die Hauptstadt gekommen. Würden sie auch in einem Krankenhaus übernachten, werden sie bei der Zimmervermittlung gefragt. Kein Problem für die die Piloten. Das Krankenhaus entpuppt sich als ein Gästehaus für Patienten, die noch ambulant im eigentlichen Hospital behandelt werden. Am Abend ist es sonnig und warm. Das lädt zu einem Gang durch Stockholms Altstadt ein, den sie mit einem Rundgang am Schloss des Königs und der Königin beginnen. Eigentlich müsste sie doch die aus Deutschland stammende Königin Sylvia zu einem Tee einladen?

Nach einem Tankstopp in Kalmar - man beachte das Schloß – fliegen sie weiter nach Roskilde bei Kopenhagen. Roskilde wählen sie bestimmt durch die Nähe zur dänischen Hauptstadt schon weil am nächsten Tag Regen angesagt ist. Diesen Tag wollen sie für einen Kopenhagen - Tag nutzen. Kopenhagen ist am nächsten Tag durch eine Warmfront nass und unfreundlich. Sie trotzen dem Wetter, besuchen auch hier das Schloss der Königin und laufen durch die Ströget. Für den Tivoli ist es zu feucht. Auch hier in Dänemark feiern die Abiturienten ihren schulischen Abschluss – erkennbar an den in Skandinavien typischen weißen Schirmmützen.

Von Roskilde trägt sie ein kräftiger Rückenwind in einer dreiviertel Stunde über die Ostsee nach Barth am pommerschen Darß. Hier nehmen sie einen Leihwagen, fahren den Darß ab und übernachten in Stralsund. Der Morgen entlässt sie mit abziehenden tiefen Wolken. Über dem ehemaligen Militärflugplatz am Bodden müssen sie auf 3000 Fuß steigen. Nun hilft ein kräftiger Ostwind zu einem kurzen Rückflug nach Lübeck.

Prag

Vor dem nahenden Gewitter flogen sie südostwärts gen Prag. In Kamenz hörte J. von seiner Tochter, dass der starke Gewitterregen für einen regennassen Keller gesorgt hatte. Umdrehen machte keinen Sinn. Einen schönen Tag verbrachten sie in Prag.

Wegen der sich aufbauenden Gewitter blieb nur der Kurs westwärts nach Bayreuth. In einer Stunde erreichten sie Wagners Stadt, ohne den Gewittern ausweichen zu müssen. Nach einer Pause folgte der Weg an Erlangen vorbei südwärts nach Aalen.

Aalen wurde zum „Basislager", von dem aus sie Flüge im Voralpenland unternahmen. Am ersten Tag in Aalen kam Fillip mit einem Flugschüler eingeflogen. Sie hatten eine kurze Begegnung, bis der Lehrer Fillip sich mit seinem Schüler auf den Rückweg machte.

Ihre Flüge im Voralpenland führten sie auch zum ehemaligen Militärairport Memmingen, nun „Allgäu Airport" genannt. Aber auch Augsburg, das Paul vor Jahren zusammen mit Dirk beflogen hatte, wurde besucht. In Stuttgart machten sie einen Gegenbesuch bei Fillip in dessen Flugschule. Fillip war zu dieser Zeit zwar noch im Gepäcktransport am Airport beschäftigt, arbeitete aber auch als Fluglehrer der dort ansässigen Flugschule. Nach einem weiteren Tag am Boden mit Gewittern, u.a. schauten sie sich Nördlingen an, flogen sie, die Gewitter immer wieder beachtend, rheinabwärts über Koblenz und Osnabrück sowie Diepholz zurück nach Lübeck

In Frankreich parliert man „naturelement" französisch

Frankreich ist ein Land, in dem das Fliegen Spaß und Freude bereitet. Jedermann kennt und schätzt die Bücher von Antoine de St. Exupery. Daraus resultiert auch die Freundlichkeit gegenüber den Piloten von kleinen Flugzeugen. Dieses Mal geht die Route nicht über Freiburg und Lyon das Rhonetal hinunter, sondern über die Mitte Frankreichs zu den Pyrenäen. In einer Stunde und 50 Minuten fliegen sie von Uetersen über das Sauerland nach Koblenz zum Tanken, Flugplan machen und Pausieren bei einem griechischen Wirt am Platz. Zunächst führt der Kurs vom Rhein nach Westen über Luxemburg mit entsprechend vielen

Freigaben. Sie ändern den Kurs auf Südwest und fliegen an Verdun vorbei über wenig bewohntes Frankreich nach Troyes an der Seine. Troyes ist eine sehenswerte Stadt des Mittelalters. Heute ist sie weltweit bekannt durch die Produktion der Kleidung mit dem Krokodil. Weil die Piloten spät ankommen, übernachten sie in einem Hotel direkt am Flugfeld von Troyes.

Auch am nächsten Morgen meint das Wetter es gut mit ihnen, sodass dem Weiterflug an die Pyrenäen nichts entgegensteht. Nachdem sie die Loire kreuzen wird es hügeliger. Eine Zwischenlandung in Limoges steht an. Beim Tanken treffen sie eine Hubschrauberbesatzung aus Deutschland, die einen Drehflügler nach Portugal überführt. Nur noch etwa 1:40 h trennen sie noch von den Pyrenäen und Pau.

Am Flugplatz empfiehlt man ihnen ein Restaurant mit angeschlossenen Zimmern. Wie sich herausstellt, war das Restaurant einmal, vielleicht sogar ein gutes. Die Zimmer sind riesig und bedürfen einer Renovierung total. Zu Essen gibt es dort „naturelement" nichts. Sie wandern die Einfallstraße nach Pau auf und ab, biegen in die Zufahrt zur Pferderennbahn („Da muss es doch etwas geben!"), aber müssen feststellen, dass nur dann das Restaurant offen hat, wenn Rennen stattfinden. Endlich, nach mehreren gefühlten Kilometern in Richtung Stadt an der Einfallstraße sitzen Gäste in einer Pizzeria. Nichts wie hin.

Die erwartete Front aus Spanien beschert ihnen am nächsten Morgen regnerisches Wetter in Pau. Fliegen findet heute nicht statt. Sie entscheiden sich für den letzten verfügbaren Leihwagen am Flugplatz und fahren in die Berge. Anderntags macht ihnen das gewittrige Wetter in Spanien die Entscheidung leicht. Statt weiter nach Spanien zu fliegen, folgen sie der Atlantikküste zur Girondemündung. In 1000 Fuß – vorgegeben durch die Controller der Beschränkungsgebiete – ist es ein Genuss über die Strände des Atlantik zu gleiten. Obwohl Samstag ist, holt Jens immer wieder Freigaben für den jeweiligen Durchflug von militärischen Beschränkungsgebieten an der Atlantikküste ein. Nach anderthalb Stunden und dem Anflug über das breite Trichtermündungsgebiet der Gironde landen sie in Royan. Sie finden einen ruhigen Flugplatz, der vom dortigen Flugclub betrieben wird, vor. Ihr Vorhaben, von dort aus am nächsten Tag die Gegend fliegerisch zu erkunden, müssen sie bleiben lassen. Es gibt am Wochenende ohne das dafür notwendige Carnet kein Benzin für sie zum Nachtanken. Auch über den Club an Flugbenzin zu gelangen, ist aus Abrechnungsgründen unmöglich. Keiner der im Flugclub anwesenden männlichen Piloten spricht Englisch. Das rudimentäre Französisch der Piloten aus Deutschland reicht aber nicht aus zu erfragen, wo sie Flugbenzin bekommen können. Nur die ehemalige Clubvorsitzende, eine Englischlehrerin, kann ihnen weiterhelfen. Sie besorgt zwei Kanister, fährt ihren PKW vor und rollt mit ihnen zu einer am Platz liegenden Tankstelle. So können sie zumindest für den Weiterflug Superbenzin nachfüllen.

Royan war einmal ein mondäner Badeort. Bei einem britischen Luftangriff Anfang 1945 wurde die von deutschen Soldaten besetzte Stadt nahezu dem Erdboden gleichgemacht. Unter anderem wurde von amerikanischen Bombern Napalm abgeworfen. Dies berichtete ein amerikanischer Historiker, der selbst an der Bombardierung beteiligt war. Erst in den fünfziger und sechziger Jahren wurde die Stadt nach modernen städtebaulichen Maßstäben wieder aufgebaut.

Einen Tag bleiben sie in dem neuen alten Seebad Royan, das Ende Juni touristisch noch nicht sehr frequentiert ist.

Das Wetter im östlichen Frankreich mit vielen Gewittern macht ihnen die Entscheidung leicht, den weiteren Weg über die Normandie und Bretagne an die Kanalküste zu nehmen. In Dinard, in der Nähe des Mont St. Michel, machen sie eine Tankpause. Hier treffen sie die hilfsbereite Englischlehrerin aus Royan wieder, die mit anderen Piloten einen Ausflug in die

Bretagne - unter anderem an den Mont St. Michel macht. Nach dem Start queren sie die Bucht, in der die berühmte Abtei auf einer Felseninsel im Meer liegt. Der Berg mit dem Kloster gehört zum Weltkulturerbe, ist Teil eines Jakobswegs und wird von 3,5 Millionen Menschen jährlich besucht. Den Mont St. Michel dürfen Jens und Paul ohnehin nicht überfliegen. An Le Havre vorbei folgen sie größtenteils der Kanalküste bis sie den ihnen schon bekannten Flugplatz Le Touquet erreichen. Gewitter waren zwar auch in der Küstenregion angesagt, blieben den Piloten aber doch erspart. Sie bekommen ein Zimmer in einem kleinen Hotel in der Stadt und amüsieren sich am Abend bei einem Spektakel mit trommelschlagenden Wikingern, die einst die Stadt erobert haben. Das Flugwetter am nächsten Tag ist günstig. In jeweils einunddreiviertel Stunden bringt sie ihr Flieger von Paris le Plage, wie Le Touquet auch heißt, nach Lelystad und nach einer Pause wieder in heimatliche Uetersen.

Alles Fliegen beruht auf Erzeugung von Luftwiderstand, alle Fliegearbeit besteht in Überwindung von Luftwiderstand. Der Luftwiderstand (Auftrieb) muss immer in genügender Stärke erzeugt werden, aber er muss mit möglichst geringer Arbeitsgeschwindigkeit überwunden werden können, damit die zu seiner Überwindung nötige, also zum Fliegen erforderliche Arbeit eine möglichst geringe wird.

Otto Lilienthal

Die Aaland Inseln gehören zu Finnland

Vor dem geplanten Skandinavien Urlaub musste dringend der Reifen des rechten Fahrwerks der Katana getauscht werden. Eigentlich zu spät. Anrufe bei luftfahrttechnischen Betrieben in der Umgebung hatten in Bremerhaven Erfolg: Dort konnte uns der benötigte Reifen sofort getauscht werden. Nach dem Rückflug packten wir in Uetersen unsere Siebensachen und flogen am Nachmittag nach Sonderburg nur zum Übernachten. Dort stellte Jens fest, dass er den Skandinavien Trip Kit zuhause vergessen hatte. Die Dänemark Karte hatten wir glücklicherweise. In Roskilde gab es für den Trip Kit die Lösung in einem Luftfahrt - Ausrüstungsshop. Nach kleiner Pause dann der Weiterflug westlich an der dänischen Hauptstadt vorbei mit Kurs auf das Hamlet - Schloss am Sund nach Angelholm.

Der erste Tag endete mit einer Übernachtung in Angelholm, einer kleinen schwedischen Stadt nördlich von Helsingborg. Dorthin hatte es Jens in Jugendjahren mit einem Moped geführt. Am Morgen brachte uns das Taxi zum Flugplatz. Nach dem Auftanken und Checken des Fluggerätes wurde Kurs genommen auf die Stadt am nördlichen Ende des Vätternsees. Nach der Zwischenlandung in Jonköping flogen wir über Linköping an Stockholm vorbei nach Uppsala, einem vom dortigen Fliegerclub geführten Grasplatz mit starkem Segelflug. Im Anflug meldete sich niemand im Funk. Flugzeuge waren aber zu sehen. In diesen Fall hieß es wie häufig in Skandinavien: sage den anderen Piloten am Boden und in der Luft wer du bist, was das vorhast und bereite die Landung vor.

Uppsala empfing uns wie alle Clubflugplätze: freundlich und hilfsbereit. Ein Pilot nahm uns mit in die alte Universitätsstadt, wo wir im Best Western Hotel unterkamen. Am nächsten Morgen beim Frühstück erlebten wir das Sprachgewirr von Wissenschaftlern, die in Uppsala eine Tagung hatten. Warum nicht über das Wasser zu den finnischen Aaland Inseln mit der Hauptstadt Mariehamn fliegen und einen Besuch in Finnland machen? Ein Clubmitglied in Uppsala, der als hauptberuflicher Controller arbeitete half uns telefonisch, die Freigabe über die „restricted area" zwischen Festland und den Aalands zu bekommen. Was folgte war ein unspektakulärer Flug über die Ostsee auf die Hauptinsel. In Finnland, das heißt in Mariehamn angekommen, konnten wir wieder mit Euros zahlen. Die Aaland Inseln sind trotz der Zugehörigkeit zu Finnland schwedisch sprachig. Daher klangen die Stimmen auf der Straße recht vertraut.

Bei 30 grad C starteten wir gen Süden. In Vesteras, einem schwedischen Segelflugzentrum tankten wir, bevor der Weg an der Ostküste Schwedens nach Kalmar führte. Dort angekommen, mussten wir hören, dass der Flugplatz am Wochenende eigentlich geschlossen hatte. Wegen einer Luftrettungsübung der dortigen Piloten sollte es zunächst auch kein Benzin geben. Ein Zufall kam uns entgegen: Eine Pilotin, die wir in Uppsala als Schlepppilotin der Segelflieger kennengelernt hatten, verhalf uns zur Betankung. So konnte dem Weiterflug nach Bornholm nichts mehr entgegenstehen. Auf Bornholm angekommen, unternahmen wir mit einem Leihwagen Ausflüge zu den bekannten Orten. Das Wetter hatte es bisher gut gemeint. Warum nicht den Rückflug direkt nach Rügen über die Ostsee nehmen, anstatt den langen Weg über Südschweden und Dänemark? Ein merkwürdiges Gefühl stellte sich doch ein, als die Küstenlinie verschwand und nur noch blauer Himmel dominierte. Doch der treue Rotax Motor, der uns bis dahin circa 1000 Stunden treue Dienste in der Luft geleistet hatte, war auch in der Lage, den Weg über das Wasser zu meistern. Den etwa 80 Meilen langen Weg nach Rügen und weiter bis Anklam bewältigten wir in knapp einer Stunde.

Eierland

Texel ist eine westfriesische Insel. Der Flugplatz liegt in Eierland. Es gibt „Midden Eierland" und Zuid Eierland". Was uns als Deutsche bei den Namen lächeln lässt, ist für die Niederländer der Name „Eiland" für Insel. Wieder einmal hat das Wetter den Ausschlag gegeben, wo es hingehen soll. Das Hoch in Richtung Polen hält nur für zwei Tage, auch Visby auf Gotland müsste länger bereist werden, da schon ab Dienstag ein Tief den Rückweg zum Festland versperren würde. Warum nicht Holland – und damit Texel, einer fliegerfreundlichen Insel, das Zentrum der niederländischen Fallschirmspringer. „ Heute ist Fliegen verboten", begrüßt uns ein weiterer Pilot im Hangar 3 in Uetersen. Das Wetter ist einfach zu gut. Das Hoch über England mit Ausbreitung nach Nordosten hat sich nochmals verstärkt. Die nächsten Tage sind flugmeteorologisch sicher. Über das Land zwischen Elbe und Weser führt unser Flug unter Schönwetterwolken an Westerstede vorbei über Ostfriesland nach Leer-

Papenburg. Dort hoffen wir Mogas nachtanken zu können. „leider", meint der Flugleiter, „haben viele der Inselflieger auf die ostfriesischen Eilande all die 3000 Liter Mogas weggetankt". Nun, noch ist genug „Sprit" im Tank für den Weiterflug nach Texel. An Groningen vorbei, im Funk „Dutch Mil" für mögliche Durchflüge von Kontrollzonen und restricted areas kommen wir an den Damm des Iijselmeers, um nach dem Überflug rasch in den Korridor, der nach Texel führt, einzutauchen. Das Anflugverfahren für den nichtkontrollierten Flugplatz ist wegen des hohen Verkehrsaufkommens genau einzuhalten. „Willkommen auf Texel" , tönt es aus dem Funk. Tessel, wie die Niederländer sagen, bereitet einen überaus freundlichen Empfang. Am Platz werden Fahrräder vorgehalten, die anders als an vielen Deutschen Flugplätzen in gutem Erhaltungszustand und darüber hinaus kostenlos sind. Auch ein Hotel in de Koog, das die beiden Piloten schon kennen, ist rasch gebucht. Wir verzurren die Katana für die Nacht und radeln gut gelaunt in den Ort. Nach einem

Strandspaziergang finden wir einen Platz zum Abendessen.

Inseln haben auch im Sommer die Angewohnheit, dass Seenebel sich länger hält. Jens und ich wollen eine zweite Nacht auf Texel verbringen, den Tag aber für einen Flug entlang der Küstenlinie nach Südholland, genauer gesagt nach Middenzeeland nutzen. Nach dem Start müssen wir feststellen, dass die Wolkenbasis kaum über 1000 Fuß angestiegen ist. Ein Flug über den Wolken an der Küste ist damit zunächst ausgeschlossen. Die Entscheidung ist daher, über dem Ijselmeer Richtung Utrecht und Rotterdam zu fliegen. Auch hier weist uns „Amsterdam Information" an, nicht über 1500 Fuß zu steigen. Aber Holland ist flach. Midden Zeeland empfängt uns in schönstem Sonnenschein. Auch hier wieder eine freundliche Begrüßung aus dem Turm. Der Flugplatz führt zu ihrer Überraschung Mogas und zwar nicht nur das teurere Superplus, sondern auch das günstige Super 95. Keine Frage: Wir tanken und können am Nachmittag den geplanten Flug an der Küstenlinie von Süd nach Nord durchführen. Nach dem Start, nun fliege ich, kommen wir rasch über die Raffinerie Areale der Häfen von Rotterdam. Überhaupt: Gigantisch sind diese Häfen des Güterumschlags verglichen mit Deutschen Häfen. Der Anspruch des neuen Weser-Jade-Hafens bei Wilhelmshaven den Holländern Paroli zu bieten, wird wohl ins Leere gehen. Bei Den Haag zeigt die Küste dann touristische Bauten und Strandaktivitäten. Wir staunen über die großen Dünengebiete, die sich bis in die Höhe von Harlem bei Amsterdam ziehen. Im Anflug auf Texel sehen wir die Fallschirmspringer landen, die nun am Nachmittag wieder Sprünge aus großen Höhen wagen.

Am nächsten Morgen, die leichte Kaltfront hat wieder für eine niedrige Wolkenbasis gesorgt, fliegen wir über das Ijselmeer zum Tanken nach Lelystad, um nach einer Pause den Weg ins heimische Uetersen anzutreten.

Courtesy Car auf der Windelsbleiche

Der Milchkaffee und die erste Pfeife am Tag vor dem Flug in Uetersen ist Pflicht. Endlich lädt die Terrasse vor dem Restaurant ein, die Flugplanung mit Sicht auf den Flugplatz draußen zu tun. Nachdem der Norden Deutschlands nun schon einige Tage im Zwischenhoch liegt, kommt auch die lang ersehnte Besserung der Sichtflugmöglichkeiten im westlichen Teil der Republik. Zwar liegen im Mittelgebirge des Sauerlands noch Dunstfelder – sie werden sich im Laufe des späten Vormittags jedoch auflösen. Jens fliegt die erste Strecke Richtung Koblenz. Die Elbe mit südlichem Kurs hinter uns lassend fliegen wir, Bremen mit seitlichem Abstand passierend, am Dümmersee vorbei zum Wiehengebirge, dem ersten Mittelgebirge, das sich weit sichtbar dem norddeutschen Flachland anschließt. Es wird dunstiger, die Sicht nimmt ab, wird aber nicht schlecht. Nach dem Passieren des Teutoburger Waldes, dem zweitem Höhenzug aus Norddeutschland kommend, sehen wir Bewölkung über dem Sauerland. Wir gleiten über dem Möhnesee. Hier müssen wir steigen, um die Höhen des Sauerlandes ohne Wolkenberührung zu überfliegen. Die Thermik des noch höher stehenden Wolkenbandes nutzend, kommen wir mit dem nordöstlichen Wind gut voran. Die Landschaft wird flacher. Wir erreichen den Rhein und landen nach einer Stunde und fünfzig Minuten auf dem flugzeugträgerartigen Flugplatz Koblenz.

Mogas, das Superbenzin der Automotoren ist verfügbar. Der Rotax unserer Katana dankt es uns. Das sonst an Flugplätzen erhältliche Avgas, das noch Blei enthält, schadet den Ventilen des kleinen Flugmotors. Außerdem ist Avgas deutlich teurer. Nun sitze ich in Command. Nach dem Start auf der Bahn in Koblenz biegen wir links ab und folgen dem Rhein, die Schleifen abfliegend Richtung Speyer. Bei Bingen verlassen wir den Rhein, der Kurs führt über die Vorderpfalz über flachere Landschaft. Wegen der nordöstlichen Windrichtung gibt der Flugleiter in Speyer die

Landung auf der „34" an. Die Piloten passieren die östliche Rheinseite in Höhe des Speyrer Doms im Gegenanflug, setzen den Queranflug über den Rheinauen und landen bei mäßigem Wind auf der Bahn.

„Willkommen in Speyer", tönt es aus dem Funk, „ parken sie auf dem Gras links am Ende der Bahn". Jens und ich werden in Speyer übernachten. Der Empfehlung des Flugleiters folgend, buchen wir uns im Hotel des Technischen Museums ein. Eine gute Wahl. Zu Fuß sind es am Dom vorbei in die Stadtmitte nur einige Gehminuten. Wir laufen durch die Stadt, die nach den vielen Tagen mit Regen nun endlich voller Besucher ist. Anderntags beschließen wir, noch eine Nacht in Speyer zu verbringen. Ohne Gepäck in der Katana reist es sich leichter. Unser heutiges Ziel ist Aalen - Elchingen; dort hatte Jens in den ersten Jahren seiner Zeit in Frankfurt die ersten Segelfliegerurlaube verbracht, hofft nun einige Bekannte dieser Zeit dort zu treffen. Heute starten wir auf der „16". Vor dem Kernkraftwerk Phillipsburg biegen wir ab und gehen auf Kurs. Wir umfliegen die Stuttgarter Kontrollzone nördlich, erreichen die Ostalb nach weniger als einer Stunde. In Aalen herrscht Platzverkehr; der Segelflugschlepp ist in vollen Gange. Am Funk ist heute Marion, eine alte Bekannte von Jens.

Nach einiger Zeit der Gespräche auf der Terrasse des Flugplatzcafes starte ich zum Rückflug nach Speyer. Nun soll der Flugweg südlich um Stuttgart herum führen. Zunächst fliegen wir südwärts Richtung Ulm, kreisen über der Ortschaft, wo ein guter Freund von Jens auf dem dortigen Friedhof begraben liegt, der im Tsunami an Thailands Strand umkam und ändern den Kurs westwärts, um erneut über die schwäbische Alb zu gleiten. Vor Bad Urach sind Mengen von Segelfliegern in der Luft. Nun beobachten wir besonders die anderen Flugzeuge. An Reutlingen vorbei zeigt sich der Schwarzwald. Die Katana fliegt durch die Pforte des Schwarzwaldes bei Pforzheim, bevor sie in das Tal des Rheins nördlich von Karlsruhe sinkt. Kurz danach landen wir wiederum in der Domstadt.

Das Wetter ändert sich. Vom Alpenrand kommend sollen sich am Nachmittag Gewitter und starke Niederschläge bilden, die bis in die Mitte Deutschlands ziehen sollen. Für die Piloten heißt diese Nachricht, das südliche Deutschland wieder gen Norden zu verlassen. Das Tagesziel steht noch nicht fest. Zunächst fliegen wir bei Heidelberg über den Odenwald, schauen den Ausläufern des Odenwalds bei Dieburg auf das Dorf, in dem Jens und seine Familie viele Jahre zuhause war, ändern den Kurs auf Aschaffenburg und entscheiden uns, zum Tanken statt in Aschaffenburg zu landen, weiter nördlich bis Bad Nauheim – Reichelsheim zu fliegen. Reichelsheim, der nordöstlich von Frankfurt gelegene Flugplatz der General Aviation, empfängt uns mit einer Storchenschule an der Schwelle zu Landebahn „36". Über eine

Brücke rollt das Flugzeug zum Parken auf dem Vorfeld.

Welches Ziel bietet sich auf dem Weg in den heimatlichen Norden? Beim Eis auf der Terrasse des Cafes beschließen wir, Bielefeld-Windelsbleiche könnte es sein. Obwohl die Stadt Bielefeld nicht gerade als das bevorzugte Ausflugsziel gilt, hat jedoch die nähere Umgebung einiges zu bieten. Außerdem lassen sich von dort aus Flüge in das Umland an der Weser und das südliche Münsterland unternehmen. Reichelsheim hinter uns lassend, fliegen wir ohne weitere Wetterprobleme über das nördliche Hessen und das südliche Niedersachsen auf Bielefeld zu. Den Truppenübungsplatz Sennelager nördlich umgehend, blicken wir auf das Segelflugzentrum Oerlinghausen. Die Leistungsflieger sind noch unterwegs, nur die Schulungsdoppelsitzer werden an der Winde geschleppt. Über den Teutoburger Wald gleitend, erblicken wir den

Flugplatz Windelsbleiche, der umgeben von Wald westlich vom Teuto liegt.

Der Empfang ist herzlich. Der Flugleiter stellt den Piloten der Katana einen „Courtesy"- Wagen zur Verfügung. „Unentgeltlich", wie er betont, „nur auftanken vor der Rückgabe ist Pflicht". Unglaublich, das hatten wir noch nie erlebt. Der Wagen ist ein Oldtimer, Daimler Benz 260 SE. Für Jens immer eine Freude, Oldtimer fahren zu dürfen. Das Hotel befindet sich in der Nähe des Platzes. Wir checken ein und fahren nach Oerlinghausen. Seit dem letzten Besuch, Jens hatte hier in den siebziger Jahren seine Schleppberechtigung erworben – ich besuchte Oerlinghausen zusammen mit Dieter im Sperber in den neunziger Jahren - hat sich mächtig viel geändert. Ein Restaurant am westlichen Ende des Platzes lädt uns ein, auf der Terrasse zu Abend zu essen.

Am nächsten Morgen – im Süden melden sich die angesagten Gewitter – fliegen wir wieder ohne Gepäck über das südliche Münsterland an den Rand des Ruhrgebietes nach Dinslaken. Auf dem Flugplatz Schwarze Heide, der mittlerweile eine über 1000 Meter Asphaltbahn erhalten hat, schaut man auf die Produktionsstätte von Walter Extras Kunstflugzeugbau. Einige Extra Doppelsitzer stehen vor der Halle abholbereit. Wir unterbrechen den Rückweg nach Bielefeld mit einer Landung in Münster – Telgte, bevor wir am frühen Nachmittag Bielefeld erreichen.

Wir geben den Oldtimer Mercedes am Morgen des letzten Tages der Flugreise getankt zurück, bereiten unseren Abflug vor, bedanken uns nochmals bei dem jungen Flugleiter und heben ab Richtung Norden. Nach einem ruhigen Flug über die norddeutsche Tiefebene landen wir am späteren Vormittag in Uetersen.

Überhaupt kann man diesen Fall so auffassen, dass die ganze Luft, welche die Fläche von beiden Seiten umgibt, durch ihr Beharrungsvermögen Widerstand leistet und nach plötzlich eingetretener Bewegung vor der Fläche eine Verdichtung und hinter der Fläche eine Verdünnung erfährt, welche zunächst der Fläche am stärksten auftreten und allmählich in die normale Spannung übergehen, und welchen beiden Wirkungen sich der auf die Fläche ausgeübte Druck zusammensetzt.

Otto Lilienthal

Die Überraschung des Seenebels

Es ist spät im Mai, der Winter und das Frühjahr waren kalt und nass. Viele Tiefdruckgebiete dominierten über Europa. Nun endlich breitet sich ein schwaches Hochdruckgebiet aus, das von England über Holland bis Skandinavien reicht. Im übrigen Deutschland regnet es derweil teilweise noch stark. Sie wollen wieder endlich einmal auf eine Insel. Pellworm könnte es sein, wenn es auf der Grasbahn nicht so nass wäre. Landen kann man damit – das Starten wäre unter Umständen ein Unding. Also eine Insel mit Hartbelagbahn. Wangerooge ist es. Zwar hat der Flugplatz wegen der Kurgäste jeweils zwischen 13 und 15 Uhr geschlossen. Doch wenn man es schafft vor

13 Uhr zu landen, ist es kein Problem. Sie starten in Uetersen rechtzeitig, sodass die Ankunft vor 13 Uhr wahrscheinlich ist. Für das Gebiet ist laut Gafor alles offen. So ist es bis vor der Weser. Rechts von ihnen, so in der Höhe von Cuxhaven, scheint alles weiß. Seenebel. Mittlerweile sind sie über eine Wolkenbank gestiegen, mit 2500 Fuß fliegen sie gar nicht so hoch, können aber bis über den Jadebusen Richtung Wilhelmshaven sehen: alles frei. „Wenn wir auf Wangerooge gelandet sind und dann der Seenebel kommt" meint Paul „sitzen wir fest". „Das kann nicht passieren", antwortet Jens „ so spät bei vollem Sonnenschein, geht keine Gefahr mehr vom Seenebel aus". Sie landen auf Wangerooge. Auch hier sind die üblichen Parkpositionen wegen nassem Grass nicht zu benutzen. Nur das Vorfeld auf Betonsteinen eignet sich. Gut, dass nur weitere drei Flugzeuge hier geparkt sind.

Die beiden Piloten wandern in den Ort, setzen sich in ein Cafe. „Schau mal", sagt Jens „da kommen immer mehr Fetzen von tiefem Stratus rein". Es stimmt - innerhalb von Minuten schließt sich der Himmel. Sie gehen an den Strand – die Sonne ist verschwunden. Sie wandern den Strand in östlicher Richtung und genießen das Meer. So wie der Himmel sich geschlossen hat, öffnet er sich innerhalb von Minuten wieder. „Lass uns zum Flieger", meint Jens, „wir starten". Es ist 15 Uhr, als die Piloten das Triebwerk anlassen. Nach dem Warmwerden des Rotax heben sie ab. In weniger als 40 Minuten rollen sie auf der Grasbahn in Uetersen aus. Was für ein Tag, der 31. Mai.